K&S

Inhalt

Teil 2: Wie wir das wieder hinkriegen

Vorwort: Warum ich dieses Buch jetzt schreibe

Ich bin nun seit etwas mehr als zehn Jahren mit NEOS selbst an »vorderster Front« in der Politik. 2012 habe ich gemeinsam mit Matthias Strolz und anderen die Zuschauersessel verlassen und gesagt: Ich will selbst einen Beitrag leisten, dass es besser wird. Mein Motto war nach dem Aphorismus von Georg Christoph Lichtenberg: »Es muss anders werden, wenn es besser werden soll.« Dieses Motto hat heute eine fast erschütternde Gültigkeit. Eigentlich lautet das Zitat so: »Ich weiß nicht, ob es besser wird, wenn es anders wird. Aber es muss anders werden, wenn es besser werden soll.« Dieser erste Teil, das Nicht-Wissen, trägt einen Keim des Zweifels oder besser der Unsicherheit in sich. Ein Abenteuer, ein Risiko, jedenfalls die Bereitschaft, die eigene Komfortzone zu verlassen und sich auf Neues einzulassen. Oder auch mal ehrlich zuzugeben: Definitiv falsch liegen nur die, die glauben, alles zu wissen.

Was hat mich zum Politischen gebracht? Ich komme aus einem politischen Haushalt, nicht aber aus einem parteipolitischen. Politik war und ist immer ein Thema beim Mittag- und Abendessen in der Familie oder bei Diskussionen meiner Eltern und Großeltern mit Freunden. Es wurde auch heftig gestritten und ich habe immer fasziniert zugehört, habe versucht, mir meine eigene Meinung zu bilden, die Welt um mich herum zu verstehen. Ich war neugierig und wollte Bescheid wissen.

Der Fall des Eisernen Vorhangs, der Fall der Berliner Mauer – das waren nicht nur markante Wendepunkte in der Geschichte, sondern auch meine ersten Berührungspunkte mit »Freiheit«. Auch wenn ich weder politisch noch geschichtlich diese Ereignisse umfänglich erfassen konnte: Allein durch die enormen Emotionen meiner Eltern, meiner Mutter, die vor Glück weinte, war mir die Tragweite dieser Ereignisse sehr bewusst. Wir sind alle vor dem Fernseher gesessen und haben den tausenden DDR-Bürgerinnen und -Bürgern zugesehen, wie sie die Mauer erklommen haben oder mit ihren Autos hupend und feiernd über die Grenze gefahren sind.

Meine beiden Großmütter waren Lehrerinnen, die eine später auch Direktorin. Sie waren also beide, durchaus ungewöhnlich zur damaligen Zeit, Akademikerinnen und berufstätig. »Moderne« und starke Frauen. Immer wieder begegne ich ehemaligen Schülerinnen meiner Großmütter am Gymnasium Franklinstraße in Wien Floridsdorf, die mir berichten, wie meine Großmütter einiges dazu beigetragen haben, dass aus ihnen »etwas geworden« ist. Oft fällt der Satz »Sie haben an mich geglaubt.« Es rührt mich sehr zu sehen, dass meine Großmütter solche Spuren hinterlassen haben, und es zeigt mir, wie wichtig das Verhältnis Lehrer–Schüler im Leben von jungen Menschen ist. Das kann Wege eröffnen oder aber Kinder brechen. Meine Großmütter dürften Flügel gehoben haben, und das erfüllt mich mit Stolz.

Politisch fühlte ich mich als junger Mensch weder von der ÖVP noch der SPÖ angezogen. Alte Parteien mit hauptsächlich älteren Herren in (Loden-)Anzügen, Proporz und Parteifilz: All das fand ich weder prickelnd noch zeitgemäß. Ich fühlte mich, wie man so schön sagt, nicht abgeholt. Dann gab es diesen jungen Politiker mit Namen Jörg Haider, der sich so anders anhörte als die anderen. Er wetterte gegen den Proporz und die alten Bonzen in den alten Parteien, und ich hörte ihm zu. Als Haider jedoch ausländerfeindlich und antisemitisch tönte, war für mich klar eine Grenze des Anstands erreicht. Politik sollte sich um Zusammenhalt bemühen und nicht um Ausgrenzung, sie sollte Menschengruppen nicht gegeneinander aufhetzen. 1993 gipfelte die Agitation Haiders im Ausländervolksbegehren und Heide Schmidt trat mit vier weiteren Kollegen aus dem FPÖ-Klub aus, um das Liberale Forum zu gründen. Das Lichtermeer 1993 war eine wichtige Aktion bzw. Reaktion der Zivilgesellschaft, dem Aufstieg der FPÖ tat dies allerdings keinen Abbruch. Als ich 1996 das erste Mal wählen durfte, wählte ich das Liberale Forum.

Meine erste politische Initiative setzte ich 2002 gemeinsam mit drei Freunden während unserer Teilnahme am »Europäischen Forum Alpbach«. Aus Ablehnung der schwarz-blauen Koalition I unter Wolfgang Schüssel wollten wir mit der Initiative »schwarzgruen.org« einen ökologisch wie wirtschaftlich nachhaltigen Weg aufzeigen und propagierten eine Zusammenarbeit von ÖVP und Grünen. Nach der Implosion der FPÖ und der Abspaltung des BZÖ, nach der darauffolgenden Nationalratswahl 2002 war diese Variante tatsächlich rechnerisch möglich, doch es kam zur Schüssel-Koalition II zwischen ÖVP und BZÖ. Wir blieben inhaltlich dran und mit dem Buch »Die öko-soziale Wende?« legten wir Thesen für eine veränderte Ausrichtung der Politik vor allem in Bezug auf ökologische wie auch soziale Nachhaltigkeit. Man könnte es als Ironie bezeichnen, dass nun gerade die von uns propagierte Koalition in Österreich regiert. Von Visionen, großen Reformen oder gar einer Wende kann jedoch keine Rede sein. Die ÖVP rückte unter Sebastian Kurz spürbar auch vom Liberalen ab und wendete sich dem Populismus zu. Wir blieben damals jedenfalls unserer Haltung treu, und zwei von uns vieren waren später unter den Gründungsmitgliedern von NEOS.

2012 fragte mich Matthias Strolz, ob ich bei der Gründung einer neuen Partei dabei wäre. Ich war damals hochschwanger mit meiner zweiten Tochter. Politische Erfahrung hatte ich bereits gesammelt. In Brüssel war ich 2005 und 2006 im Europäischen Parlament als Assistentin von Othmar Karas tätig gewesen, in Wien hatte ich ab 2007 für die damalige Staatssekretärin Christine Marek gearbeitet, zunächst im Staatssekretariat, später dann in der ÖVP Wien. Doch ich war von Parteipolitik, wie ich sie erlebt hatte, abgetörnt. Der damalige Korruptionsuntersuchungsausschuss im Parlament wurde von SPÖ und ÖVP abgedreht. »Das nutzt ja nur den Grünen!«, hörte ich da. Als ob der Kampf gegen politische Korruption ein rein taktisches Manöver und nicht Frage einer tiefen demokratischen Überzeugung wäre! Zeitgleich fand das von Hannes Androsch und anderen initiierte Bildungsvolksbegehren statt und ich unterstützte es aus voller Überzeugung. Innerhalb der ÖVP diskutierte ich heftig, denn ich konnte nicht einsehen, warum sie so apodiktisch an der Trennung von Schülerinnen und Schülern mit zehn Jahren festhielt und sich gegen ganztägige Schulen stemmte. Kurzum: Die ÖVP war nicht meine Partei. Daher würde ich niemals sagen, dass ich »aus der ÖVP komme«. Dennoch habe ich sehr gerne für Othmar Karas und Christine Marek gearbeitet, zwei Politiker, die ich immer noch enorm schätze.

Die Gründung einer neuen Partei reizte mich, auch weil ich zur Überzeugung gelangt war, dass die alten Parteien aufgrund ihrer inneren Verfasstheit keine Zukunft hatten. Meine Antwort damals aber war, dass ich zunächst einmal mein Kind bekommen wolle und dann entscheiden würde. Mir war klar: Das alles geht nur, wenn beide Kinder grundsätzlich gesund sind und mein Mann meine Entscheidung mitträgt. Auch finanziell würde es eine große Herausforderung für uns sein. Noch im Mutterschutz löste ich mein Arbeitsverhältnis zur ÖVP, in die ich ohnehin nicht zurückgegangen wäre, und entschloss mich, an der Neugründung mitzuarbeiten, sobald meine Tochter sechs Monate alt sein würde.

Und dann hatte ich einen kurzen Moment des Zögerns: Im August 2012 bekam ich einen Anruf eines ÖVP-Politikers, der mich fragte, was ich nach der Karenz vorhätte, und mir sagte, dass in einem Ministerium eine Abteilungsleitung frei würde. »Da wollen wir jemanden von uns«, so seine Aussage. Ich zögerte. Als junge Mutter zweier kleiner Kinder wäre das ein attraktiver Job: sicher und inhaltlich interessant. Warum also alles riskieren, meinem beruflichen Netzwerk bildlich gesprochen den Mittelfinger zeigen und das Himmelfahrtskommando einer Parteigründung ohne Aussicht auf ein Einkommen eingehen?

Ich weiß noch ganz genau, dass ich damals mit meinen Töchtern auf den Spielplatz gegangen bin. Dort habe ich nachgedacht und mich gefragt, was ich eigentlich später meinen Kindern mitgeben wollen würde. Wollte ich sagen, ich habe diesen Job bekommen, weil ich in der ÖVP vernetzt war? Wollte ich, dass meine Kinder von mir lernten, dass Kontakte wichtiger als Leistung waren? Mir wurde klar: Genau das will ich nicht. Genau so soll und darf es nicht laufen in unserem Land! Ich sagte ab und traf meine endgültige Entscheidung, NEOS mitzugründen.

Und es gelang das Unfassbare, wir schafften 2013 auf Anhieb den Sprung in den Nationalrat. Ich hatte die Chance, die Wiener Landesorganisation auf der grünen Wiese aufzubauen, und übernahm schließlich 2018 den Parteivorsitz von Matthias Strolz. Viel ist seitdem gelungen, wir sind ständig gewachsen und ein Faktor geworden in der österreichischen Politik. Aber es wäre grundfalsch, sich selbstgenügsam zurückzulehnen.

Enorm viel von dem, was wir 2012 gefordert haben, ist heute drängender denn je. Und so manches, was wir 2012 noch als selbstverständlich erachtet haben, steht heute auf dem Spiel: Rechtsstaatlichkeit, liberale Demokratie, die offene Gesellschaft, die Würde eines jeden Einzelnen und das gemeinsame Europa.

Mit Blick auf das Superwahljahr 2024 muss man ernüchternd feststellen: Hätten wir NEOS 2012 nicht gegründet, wir müssten es jetzt tun. Wir können nicht so weitermachen, und die Zeit, bloß an kleinen Schräubchen zu drehen, ist vorbei. Unseren Kindern werden sukzessive Chancen und ihre Zukunft geraubt.

Mit Schaudern wenden sich die Menschen ab von der Politik. Es wird erbarmungslos gestritten, doch nicht immer um Wesentliches. Nebenschauplätze werden zur Hauptbühne, Populismus und Autoritarismus sind auf dem Vormarsch und das Vertrauen erodiert. Wenn einmal die gesamte Politzone zur Jauchegrube geworden ist, dann gewinnen die, die am lautesten brüllen und die niedrigsten Instinkte der Stammeszugehörigkeit ansprechen: »Wir gegen sie« und »Die gegen euch«. Und so stehen wir wieder an einem Wendepunkt.

Ich möchte auf die Straße laufen, die Menschen aufrütteln und sagen: Seht ihr nicht, was gerade passiert und was auf dem Spiel steht? Autoritarismus kommt nicht über Nacht. Es sind stete Tropfen, die das Fundament der liberalen Demokratie, auf dem wir stehen, aushöhlen. Dem müssen sich alle aufrechten Demokratinnen und Demokraten entgegenstellen.

Ich habe drei Töchter. Ich mache nicht Politik trotz der drei Kinder, sondern ihretwegen. Auch wenn ich die Fragen, mit denen sich meine Töchter in 20, 30 Jahren auseinandersetzen werden müssen, noch gar nicht kenne: Ich möchte, dass sie in einem weltoffenen und zukunftsorientierten Österreich leben mit allen Chancen. Für sie bin ich in der Politik als Mutter, als Frau, als Mensch. Ich will für sie nichts weniger, als dass sie ihr Leben selbstbestimmt leben können in Frieden, Freiheit und Wohlstand für alle Menschen in einer Gesellschaft, die im Großen und Ganzen zusammenhält und füreinander einsteht. Deshalb liegt mir dieses Buch so sehr am Herzen. Es soll nicht nur eine Analyse sein, wie wir zu diesem Wendepunkt kamen, sondern einen klaren Blick nach vorne richten.

Die Frage, die derzeit viele umtreibt, ist: »Wie wird das wieder gut?« Es gibt jedoch keinen Schalter, den man einfach umlegt. Vielmehr muss die Politik einen kompletten Strategiewechsel vollziehen. Mutig und tatkräftig muss sie wieder Antworten auf die drängenden Fragen der Menschen liefern, sich des »Dienens« am Volk besinnen und aufhören, sich in permanenter Selbstbeschäftigung um sich selbst, um Umfragen und um Wahlerfolge zu drehen. Reformen müssen her, die das Vertrauen stärken, die auf die Zukunft gerichtet sind und den Weg zu einer freien und gerechten Chancengesellschaft ermöglichen.

Ich glaube daran, dass Politik »in Gut« möglich ist. Mit einer Vision und mit Hartnäckigkeit. Und mit einem neuen Pakt des Vertrauens der Menschen zueinander und zwischen Politik und Menschen. Einen solchen werde ich vorschlagen. Dabei muss sich aber einiges ganz grundsätzlich ändern. Bei all dem, was an großen Problemen ansteht: Viel Zeit haben wir nicht. Der richtige Zeitpunkt für eine Wende ist jetzt.

Teil 1
So können wir nicht weitermachen

Westliche Demokratien an einem Wendepunkt

Ein »weiter wie bisher« ist nicht mehr möglich. Wir stehen an einem Wendepunkt, der vor allem durch die vielen Krisen festgemacht wird: Kriege, die Pandemie, Klimakrise, Wirtschaftskrise, Teuerung, Migrationskrise – all diese Themen erfordern eine Neuausrichtung der Politik. Das Vertrauen in die Institutionen des Landes wie auch in etablierte Parteien ist im Keller, die FPÖ wandert von Umfragehoch zu Umfragehoch. Die reale Gefahr eines Kanzlers Herbert Kickl samt einem scharf antieuropäischen, antiliberalen Kurs besteht also. Das hieße volle Fahrt in Richtung Autokratie und Öxit. Eine positive Zukunftserzählung fehlt und eine Regierungsalternative scheint es nicht zu geben.

Wirtschaftlich sieht die Zukunft nicht rosig aus. Österreich steckt in einer Rezession, wir werden ärmer. Viele Menschen machen sich Sorgen um die Zukunft, um den Job, darum, sich das Leben nicht mehr leisten oder bestehende Kredite nicht zurückzahlen zu können. Gerade die Mitte hat Abstiegsängste und viele Junge sehen ihre eigene Zukunft nicht so optimistisch wie seinerzeit ihre Eltern.

Ernsthafte Sorge ist angebracht, dass die selbst gesteckten Ziele zur Eindämmung der Erderwärmung krachend verfehlt werden und was das bedeutet für das Leben in manchen Regionen, für Migration, Sicherheit und den sozialen Zusammenhalt. Globale Konflikte nehmen zu, nach dem Überfall auf die Ukraine tobt der Krieg dort mit unsicherem Ausgang und der Nahe Osten gleicht einem Pulverfass mit kurzer Zündschnur nach dem barbarischen Terrorangriff der Hamas auf Israel. Kulturelle und religiöse Konflikte nehmen indes auch auf unseren Straßen, in unseren Schulen und in unserer Gesellschaft zu. Gerne bedient man sich des Begriffes »politischer Islam«, ein Sammelbegriff für jene Positionen, nach denen die säkulare, offene und liberale Gesellschaftsordnung im Westen in Frage gestellt werden. Es scheint, als habe Samuel Huntington mit seiner Prophezeiung des »Kampfes der Kulturen« Recht behalten.

Der Kulturkampf tobt aber auch innerhalb der Demokratien des Westens. Die Menschen gehen in den sozialen Medien aufeinander los, gesellschaftspolitische und kulturelle Fragen werden zur Kampfzone. Populismus und Autoritarismus sind nahezu überall auf dem Vormarsch: In Deutschland sehen Umfragen die AfD als zweitstärkste Kraft. In den USA könnte Donald Trump trotz mehrfacher Anklagen wiedergewählt werden. Die liberale Demokratie samt offener Gesellschaft steht damit auf dem Prüfstand. Offene Gesellschaften zeichnen sich nach Karl Popper[1] dadurch aus, dass sie kritikfähig sind und Macht begrenzt ist. Sie sind immer lernend und ständig in Veränderung. Freiheit und Gleichheit aller vor dem Recht sind essenziell. Demgegenüber steht das Konzept des geschlossenen »Heilsversprechens«, das scharf abgegrenzte Identitäten im Gegensatz zu Pluralität fordert, von sich selbst behauptet »für alle zu sprechen«, statt von »Gesellschaft« von einer ethnischen, völkischen oder kulturellen Gemeinschaft spricht und nach absoluter Macht greift. Viktor Orbán hat es vorgemacht: In seiner »illiberalen« Demokratie wurde nicht nur dem wirtschaftlichen Liberalismus der Kampf angesagt, sondern auch demokratischen Grundrechten. Die Medien sind gleichgeschaltet und Wahlrechtsreformen haben dafür Sorge getragen, dass eine Abwahl Orbáns nur schwer möglich ist.

Und so steckt die Demokratie selbst in der Krise. Das Vertrauen in Institutionen, Parteien und die Demokratie als beste Regierungsform ist erschüttert. Weltweit sind Autokratien wieder auf dem Vormarsch. Die liberale Demokratie samt offener Gesellschaft hat sich nicht nur nicht durchgesetzt, sie steht als Zukunftsmodell ernsthaft in Frage. Die Menschen haben generell den Glauben an die Lösungsfähigkeit der repräsentativen Demokratie verloren. Unsere Demokratien im Westen, in Europa, den USA stehen wortwörtlich unter Beschuss. Sie werden angegriffen von außen wie innen, die extremen Ränder werden stärker. Antidemokratische, populistische bis rechtsextreme Parteien erleben Aufwind. Russland, China und der weltweite »politische Islam« haben unserem Lebensmodell den Krieg erklärt. Auch in Österreich verliert die liberale Demokratie an Boden. 2022 wurde unser Land im jährlich erscheinenden Demokratiereport vom Status einer liberalen Demokratie zu einer »Wahldemokratie« zurückgestuft.[2] Dazu kommt eine österreichische Variante des Vertrauensverlusts: ein Sumpf aus Korruption, Nepotismus und geplündertem Staat. Österreich fällt in Sachen Transparenz und Rechtsstaatlichkeit zurück.[3]

Große politische Fragen wie Wachstum und Wohlstand, die Sicherung der Qualität unseres Gesundheitssystems, die Stärkung des sozialen Zusammenhalts, das Aufstiegsversprechen durch Bildung und Leistung, die Angst vor ungesteuerter Migration, der Klimawandel und der Schutz vor kriegerischen Auseinandersetzungen werden von der Bundesregierung nicht ausreichend beantwortet. Zum Teil können diese Probleme auch nicht allein von Österreich gelöst werden. Globale Herausforderungen brauchen globale Antworten, zumindest europäische, aber ein gestärktes An-einem-Strang-Ziehen ist nicht zu sehen. Handlungsunfähigkeit allerorts.

Gleichzeitig werden Entscheidungen getroffen, die nicht dem Willen der Menschen entsprechen. Weder haben die Bürgerinnen und Bürger zugestimmt, als Banken in der Finanzkrise mit Steuergeld aufgefangen wurden, noch, als Griechenland mit der Auflage eines harten Sparkurses gerettet wurde. Auch in Fragen der Migration wurden rechtliche (und moralische) Notwendigkeiten betont und diejenigen ignoriert, die gesagt haben: »Schluss jetzt. Das überfordert uns!« Das sind unbequeme Wahrheiten, aber die Menschen empfinden zunehmend Ohnmacht.

Immer mehr Menschen spüren einen Souveränitätsverlust. Die scheinbar einfache Antwort darauf ist, dass irgendwer schuld daran ist, dass man sich alleine gelassen fühlt: »Die korrupten Eliten da oben richten es sich«[4], »Globale Eliten steuern und manipulieren uns« – Verschwörungsmythen nehmen nicht nur zu, sie werden in enormer Schalldichte in den sozialen Medien verbreitet und auch geglaubt.

Das ist ein idealer Nährboden für Populistinnen und Autoritaristen. Allen voran die politische extreme Rechte, die eine Festung Österreich, also den Urtypus einer geschlossenen Gesellschaft, bauen möchte, um wieder Herr im eigenen Haus zu sein. Auf der anderen Seite redet eine kleine neue radikale Linke, etwa der Ökonom Graeme Maxton[5], unter dem Deckmantel des Klimaschutzes der Auflösung der liberalen Demokratie, dem Ende der Marktwirtschaft, Enteignungen und rationierten Zuteilungen von Wohn- und Energiebedarf das Wort. Die »Junge Generation« klebt sich in ihrer Verzweiflung ob des wenig ambitionierten Kampfes gegen den Klimawandel auf Straßen oder lässt sich sterilisieren.[6] Die Mitte bricht auseinander, die Demokratie verliert an Attraktivität.

Harte Zeiten für Optimisten. Aber noch schlechtere für Pessimisten. Wir haben es in der Hand, selbstbewusst unser demokratisches Lebensmodell zu verteidigen, im Kulturkampf Kompromisse zu schließen, Lösungen und Reformen einzubringen und so das Vertrauen der Menschen wieder zu gewinnen.

Es ist Zeit aufzustehen. Die Mitte darf sich nicht ins Private zurückziehen und damit die Öffentlichkeit (auch die sozialen Medien) den Rändern überlassen. Gerade die Jungen brauchen Sicherheiten und Garantien in Form von Fürsprechern für eine prosperierende und ökologisch nachhaltige Zukunft. Für ein Leben in individueller Freiheit, in Frieden und Wohlstand. Nicht weniger, sondern mehr ziviles und politisches Engagement einer aktiven Bürgerinnen- und Bürgergesellschaft ist nötig, um unsere Freiheit, unseren Zusammenhalt und unseren Wohlstand zu sichern.

Wir brauchen nicht weniger Europa, sondern ein demokratischeres und handlungsfähigeres. Wir brauchen nicht weniger Demokratie, sondern mehr Teilhabe. Wir brauchen nicht weniger gesellschaftliche Debatten, sondern grundsätzlichere, die wieder die Freiheit einer jeden Einzelnen mit einem Chancenversprechen für alle verbindet. Wir brauchen nicht weniger Wachstum, sondern besseres, das entkoppelt ist von CO_2-Emissionen und Ressourcenverbrauch. Wir brauchen nicht weniger Technologie, sondern Technologieführerschaft mit klaren ethischen Spielregeln, und wir brauchen nicht mehr Abschottung, sondern mehr Vernetzung.

Wir brauchen nicht weniger Liberalismus und mehr Protektionismus, sondern mehr humanistischen Liberalismus, der auch ordnungspolitisch dort eingreift, wo Freiheit in Gefahr ist. Wir brauchen nicht das Rad der Zeit zurückdrehen in die 50er Jahre des vergangenen Jahrhunderts, sondern wir brauchen den Mut, mit nötigen Reformen optimistisch nach vorne zu blicken. Wir brauchen keine Festung Österreich, sondern ein starkes, weltoffenes Österreich mit starken Partnern in einem starken, vereinten Europa mit Souveränität und Strategiefähigkeit.

Wir stehen an einem Wendepunkt. Für welche Richtung wird sich Österreich entscheiden? Es liegt allein in unserer Hand. Wir brauchen einen neuen Pakt des Vertrauens.

Zunächst müssen wir aber einen sehr ernsthaften Blick darauf werfen, vor welchen Herausforderungen wir stehen und welche Irrwege drohen.

Was ist unser Problem?

Österreich ist eines der reichsten Länder der Welt. Gemessen am Bruttoinlandsprodukt (BIP) pro Kopf liegt es auf Rang 17[7]. Unser Land hat Dekaden von wachsendem Wohlstand und Frieden hinter sich. Österreichische Unternehmen waren und sind profitabel, innovativ und haben Wachstum, Beschäftigung und Wohlstand vorangetrieben. Der Sozialstaat inklusive eines hervorragenden Gesundheitssystems ist gut ausgebaut, immerhin hat Österreich die dritthöchsten öffentlichen Sozialausgaben in der Organisation für wirtschaftliche Zusammenarbeit und Entwicklung (OECD), gemessen am Anteil des Bruttoinlandsprodukts.[8] Die Armutsgefährdung liegt unter dem Durchschnitt der EU-Länder bzw. auch der Eurozone. Die Pensionen, so meinen viele, sind sicher, und die Neutralität sowie die Auslagerung der eigenen Sicherheit an die uns umgebenden NATO-Mitgliedsländer haben uns eine Friedensdividende eingebracht, die Österreich für den Ausbau des Sozialstaats verwenden konnte. Unser Bildungssystem ist zwar eher mittelmäßig erfolgreich, aber mit dem Modell der dualen Ausbildung, also der Lehre, haben wir ein unschlagbares Erfolgsmodell. Über viele Jahrzehnte war klar, dass durch gute Bildung und Ausbildung sowie durch eigene Arbeitsleistung ein Aufstieg und ein gutes Leben möglich sind.

Was ist also unser Problem? Was ist es nicht, könnte man fragen. Viele der ehemaligen Wahrheiten haben keine Gültigkeit mehr. »Die Pensionen sind sicher« ist ein ebenso gut gepflegter Mythos wie der Glaube daran, dass Neutralität allein uns schütze. Wir werden weiter hinten sehen, dass der Glaube an Aufstieg durch eigene Leistung immer mehr schwindet und die Jungen überhaupt aufgehört haben daran zu glauben, dass es ihnen besser gehen wird als den Eltern. Österreich fällt wirtschaftlich zurück, die Wettbewerbsfähigkeit gegenüber vergleichbaren Ländern sinkt. Die Schulden steigen, die Steuerquote auch. Jahrzehntelanger Reformstau lässt die berechtigte Sorge zu, dass es schlechter wird.

Die Zeitenwende ist in Österreich nur bedingt angekommen. Auch auf unseren Druck hin ist eine neue Sicherheitsstrategie zwar in Ausarbeitung, doch angesichts der weiterhin hohen Abhängigkeit von russischem Gas sowie der Naivität und Tatenlosigkeit, mit der Österreich zum Hort russischer Spionage geworden ist, sind auch hier Zweifel angebracht, dass die richtigen Lehren rasch gezogen wurden.

Wie zuvor beschrieben, ist auch der gesellschaftliche Zusammenhalt mehr als brüchig. Den beiden alten Parteien ÖVP und SPÖ trauen immer weniger Menschen zu, Problemlösungen für eine gute Zukunft zu finden, wie Umfragewerte immer wieder zeigen. Sie haben schon lange vor dem Ibiza-Video den Boden für eine toxische und brandgefährliche Gemengelage bereitet. Die beiden Parteien wissen nicht mehr, wofür sie stehen. Wir sehen jahrzehntelanges Reformunvermögen, das Festhalten an Privilegien und Klientelismus, die Absicherung der eigenen Macht sowie »Hauptsache, wir stellen den Kanzler und nicht die anderen« als einzig wahrnehmbare Motivlage. Und genau das sind die Zutaten, die zu immer größerer Unzufriedenheit und dann zu massivem Vertrauensverlust führen. Zunehmend wird dem politischen System insgesamt misstraut. Der SORA-Demokratiemonitor 2022[9] wies erstmals keine absolute Mehrheit mehr aus, die sich der Aussage »Es sollte einen starken Führer geben, der sich nicht um Parlament und Wahlen kümmern muss« entgegenstellte. 2023[10] verbesserte sich dieses Bild zwar wieder. Alarmierend bleibt es dennoch.

Wirtschaft in der Krise

Österreichs Wirtschaft steckt in einer Rezession. Diese klopfte schon länger an unsere Türe, doch es scheint, als habe niemand das Klopfen hören wollen. In erstaunlicher Selbstgenügsamkeit ergeht sich die Regierung in Durchhalteparolen, gibt Geld aus, als gäbe es kein Morgen, und appelliert daran, doch an »Österreich zu glauben«.

Ideen, wie wir den Turnaround schaffen und Österreich wieder nach vorne bringen können, hört man von der Regierung nicht. Beim paktierten Finanzausgleich wurden den Ländern zwar Ziele vorgegeben – Sanktionen für das Nichterreichen gibt es allerdings nicht. Man möchte meinen, der Schwanz wedelt mit dem Hund. Strukturelle Reformen sind nicht in Sicht.

Die Inflation ist mittlerweile hartnäckig deutlich höher als im Euroraum und lässt den Menschen, die hart arbeiten und in den letzten Jahrzehnten darauf vertrauen konnten, sich durch ihre eigene Leistung etwas aufbauen zu können, das Einkommen wie Sand durch die Finger rieseln. Österreich verliert an Wohlstand und gerade für die Mitte wird es ökonomisch eng. Die niedrigen Zinsen der vergangenen zwei Dekaden haben das Sparvermögen der Mittelschicht förmlich vernichtet, nun steigen dafür die Kreditraten massiv an. Die Party ist vorbei und die Stimmung ist am Nullpunkt.

Die Löhne sollten mit der Inflation mitwachsen, gleichzeitig ist das angesichts des Spielraums vieler, vor allem im internationalen Wettbewerb stehender Branchen schwierig. Aufträge gehen deutlich zurück, die Menschen schränken ihren Konsum ein, Preise für Energie und Rohstoffe steigen, wachsende Lohnkosten machen Preisanpassungen nötig, die kaum noch wettbewerbsfähig sind. Die Regierung hätte durch Steuer- und Abgabensenkungen Spielraum für Lohnerhöhungen schaffen können, doch schüttete lieber Geld mit der Gießkanne aus und heizte die Inflation so noch weiter an. Die Schulden steigen auf ein Rekordniveau an, ebenso steigt die Abgabenquote trotz Abschaffung der kalten Progression, in die Zukunft wird kaum investiert. Die Klimaziele werden krachend verfehlt, bildungspolitisch kommen wir nicht vom Fleck und die Pensionslücke, also der Teil des Budgets, den der Staat zu den Pensionsbeiträgen zuschießen muss, wird Jahr für Jahr immer größer.

Das aktuelle Budget sieht auch für die kommenden Jahre anhaltend hohe Defizite und eine nahezu stagnierende Staatsschuldenquote vor.[11] Die Krise wird also zumindest budgetär fortgeschrieben.

»Wir sind gut durch die Krisen gekommen«, so das selbstaffirmative Mantra der Regierung. Die Frage ist: Hat die Regierung denn nicht alles unternommen, um diese Krisen abzufedern?

Jein. Es wurde zwar sehr viel Geld ausgegeben, mehr als in allen anderen europäischen Ländern. Aber mit dieser »Koste es, was es wolle«-Politik, befeuert mit billigem Geld durch die Zentralbank, hat die Regierung nur versucht, ihre schlechte und bittere Corona-Politik samt viel zu vielen und viel zu langen Lockdowns zu versüßen. Gleichzeitig aber hat sie unter Aufnahme neuer Schulden Betriebe massiv über-fördert und die Inflation immer mehr angeheizt. Es sind die Steuerzahlerinnen und Steuerzahler der Gegenwart und Zukunft, die die Schließungen von Betrieben kompensieren oder sogar überkompensieren mussten und müssen.

Durch die langen Lockdowns ist die Wirtschaft in Öster-reich auch deutlich stärker eingebrochen als in anderen Ländern, manche Förderungen wie der »Fixkostenzu-schuss 1« führten dazu, dass wenig Anreize bestanden, Be-triebe auch dann zu öffnen, als es möglich war. Das Jahr der wirtschaftlichen Erholung und Aufholjagd hätte 2022 sein müssen. Dann kam aber der Krieg und mit ihm ein enor-mer Preisanstieg bei den Energiekosten, der die Preise ins-gesamt noch weiter in die Höhe getrieben hat.

Wieder war die Regierung gefordert und hat das getan, was sie bereits die vergangenen Jahre getan hat: Geld ausgegeben. Einmal mehr wurde mit dem Geld der Steuerzahlerinnen und Steuerzahler eine Konfettiparade an Helikoptergeld veranstaltet und die ganz große Gießkanne ausgepackt. Anstatt zielsicher den ökonomisch schwächsten Haushalten unter die Arme zu greifen, wurden Gutscheine und Boni an alle ausbezahlt. »Darf's ein bisserl mehr sein?« gilt in Österreich bedauerlicherweise nicht bei den so dringend notwendigen Reformen, sondern ausschließlich bei den Staatsausgaben.

Das Ergebnis waren weitere Ausgaben auf Pump, steigende Schulden und eine damit einhergehende enorme Inflation. Zusätzlich ging das Wirtschaftswachstum erneut stark zurück, die Erholung im ersten Halbjahr 2022 wurde jäh unterbrochen. Die Rezession ist da, und ob der prognostizierte zarte Aufschwung 2024 kommen wird, wird man sehen. Es scheint, als müsse sich unser Land einstellen auf eine Phase mit wenig bis gar keinem Wachstum und einer hartnäckigen Inflation. Die Sorge um den Wohlstand steigt also. Alle, hoffentlich auch der Staat, müssen den Gürtel bei jeder Kaufentscheidung enger schnallen.

Kann der Aufschwung gelingen? Fakt ist, der Wirtschaftsstandort Österreich ist im internationalen Vergleich nur mehr unteres Mittelmaß. Das ist das Ergebnis des von NEOS eigens berechneten Standortindex.

Auf Basis erhobener Daten zeigt dieser Index, wie es um die Wirtschaft der europäischen Staaten bestellt ist. In intensiver Arbeit haben NEOS mit Expertinnen und Experten 23 Quellen zu zehn verschiedenen Kategorien zusammengeführt und bewertet – von Staatsfinanzen, BIP, Abgabenquote, über Bildung, Demografie, Pensionen und Gesundheit, bis hin zu Erwerbstätigkeit, Energiesicherheit und Korruption. Österreich liegt hierbei im Vergleich mit Ländern der EU-27 und der Schweiz, die eine ähnliche Steuerbelastung bzw. ein ähnliches BIP wie Österreich aufweisen, im unteren Drittel. Näher am Schlusslicht Griechenland als am Spitzenreiter Irland.

Hier geht es nicht nur um anonyme Zahlenspiele, sondern um konkrete Lebensbedingungen von Menschen. So wurden in Schweden für den Gesundheitsbereich im Jahr 2021 7,5 Prozent des BIP aufgewendet, in Österreich 10,6 Prozent. Die gesunde Lebenserwartung beträgt in Schweden allerdings 68,4 Jahre, in Österreich 61,8 Jahre.[12] Auch im Bildungsbereich wendet Österreich deutlich mehr Mittel je Schülerin oder Schüler auf als Länder wie Irland, Finnland oder Estland. Gleichzeitig schneiden diese Länder aber deutlich besser bei der PISA-Studie ab. Wir sind gerade mal Mittelmaß und der Trend ist eindeutig: Wir werden schlechter. Unser Bildungssystem ist ungerecht, da der soziale Hintergrund bzw. der Bildungshintergrund der Eltern deutlich stärker als in anderen Ländern die Schulerfolge der Kinder bestimmt[13], schafft aber dabei keine Exzellenz. Besonders dramatisch ist übrigens der Unterschied im Bildungserfolg von Kindern mit Migrationshintergrund im Vergleich zu solchen ohne in Österreich – auch im OECD-Vergleich. Auch der Lehrerberuf ist hierzulande weit weniger attraktiv. Während in Finnland 58,2 Prozent der Lehrerinnen und Lehrer angeben, in der Gesellschaft hohes Ansehen zu genießen, sagen das in Österreich nur 17 Prozent.[14]

Gleichzeitig tickt die demografische Bombe. Die Babyboomer gehen in Pension und die Pensionsbeiträge der Erwerbstätigen reichen nicht aus, um ohne budgetären Zuschuss die Pensionszahlungen zu finanzieren. 2024 werden rund 30 Milliarden Euro aus dem Budget für Pensionen aufgewendet werden – abgesehen von den beinhalteten Aufwendungen für Beamtenpensionen sind dies knapp 17 Milliarden Zuschüsse zum allgemeinen Pensionssystem aufgrund der großen demografischen Lücke. Rund ein Viertel des Budgets muss also schon für Pensionen finanziert werden. Mit steigender Tendenz: 2027 werden es bereits 27,5 Prozent der Gesamtausgaben des Bundes sein.

Personal fehlt an allen Ecken und Enden. Jede, die aktuell auf eine Behandlung im Spital wartet, merkt: Es fehlen Ärztinnen und Pfleger. Jeder, der Kinder hat, merkt: Es fehlen Pädagoginnen und Pädagogen. Betriebe müssen Aufträge ablehnen, weil Arbeitskräfte nicht zu finden sind. Tatsächlich gab es in den ersten Quartalen 2023 nur in zwei weiteren EU-Ländern so viele offene Stellen wie in Österreich.[15] Innerhalb der EU arbeiten nur in den Niederlanden mehr Menschen in Teilzeit als in Österreich. Besonders hoch ist die Quote bei den Frauen, wo bereits mehr als die Hälfte aller weiblichen Beschäftigten Teilzeit arbeitet. So sehr es die individuelle und freie Entscheidung jeder Mutter und jedes Vaters sein muss, wie sie oder er Arbeit und Familie vereinbaren möchte, so wenig kann man in Österreich von Wahlfreiheit sprechen: Im Vergleich zu skandinavischen Ländern wie Dänemark hinken wir im Ausbau von Kinderbetreuung massiv hinterher.[16] (Entsprechend hoch ist in Österreich auch der Gender Pay Gap: Nur in Estland ist er im EU-Vergleich höher!)

Gerne wird da das Bild vom qualifizierten Zuzug beschworen, doch der Zug ist abgefahren. Österreich ist absolut unattraktiv für hochqualifizierte Arbeitskräfte. Die machen einen großen Bogen um uns. Länder wie Ungarn, Spanien, Deutschland, Schweden oder Neuseeland liegen weit vor uns, und auch hier hat sich Österreich massiv verschlechtert. Das liegt unter anderem an fehlender Chancengleichheit. Fremdenfeindliche Stimmung über viele Jahrzehnte und bürokratische Hürden bei Einreise und Arbeitsbewilligung fordern ihren Tribut. Das Bild, das in Österreich vermittelt wird, ist: »Wir wollen euch nicht!«

Im Frühjahr 2022 sprach mich ein junger Chinese am Wiener Flughafen an, der mich erkannt hatte. Er war als Student der Fahrzeugtechnik nach Wien gekommen und lernte beim Studium seine jetzige Frau, eine gebürtige

Polin, kennen. Beide leben in Wien. Er hat einen Job im automotiven Sektor, sie bei einer großen Versicherung in Bratislava. Sie pendelt, weil in kaum einem österreichischen Unternehmen Englisch als Unternehmenssprache gesprochen werde. Er erzählte mir von seinen Problemen, eine Aufenthaltserlaubnis samt Arbeitsbewilligung nach dem Studium in Österreich zu bekommen, und meinte, dass seine Frau und er keine fünf Jahre mehr im Land bleiben würden, wenn die Politik sich nicht änderte. Er lebe gerne hier in Wien und zahle auch gerne seine Steuern. Aber dafür möchte er auch anerkannt werden und beispielsweise mitbestimmen können. Diese Anerkennung oder generelle Wertschätzung werde ihm aber nicht entgegengebracht. Eine fremdenfeindliche Stimmung ist also ein massiver negativer Wirtschaftsfaktor.

Ein weiterer Grund dafür, dass Österreich bei der Attraktivität für hochqualifizierte Arbeitskräfte nur im hinteren Feld liegt, ist die hohe Abgabenlast. Eine regelmäßige Untersuchung der OECD[17] zeigt, dass Österreich dabei ganz besonders schlecht abschneidet. Wenn man sich aussuchen kann, wo man arbeitet, dann sind die Steuern in Österreich für viele einfach zu hoch.

Eine Studie vom »Economica«-Institut für Wirtschaftsforschung im Auftrag des NEOS-Lab, die sämtliche Wettbewerbsindizes vergleicht, kommt ebenfalls zum Schluss, dass Österreich stark an Wettbewerbsfähigkeit verliert.[18] Auch hier das Fazit: Österreich ist ein Hochsteuerland, die Steuern und Abgaben auf Arbeit sind enorm. Ebenso hoch ist die bürokratische Belastung, insbesondere für Unternehmen und bei Betriebsgründungen. Dabei ist der »Output« nicht gut: Österreich gibt im Vergleich viel Steuergeld für Bereiche wie Gesundheit und Bildung aus, die Leistungen passen aber nicht. Der Grund ist ein ineffizienter Föderalismus mit einem nahezu undurchschaubaren Geflecht an Zuständigkeiten und Finanzierungsströmen.

Nicht überall werden wir schlechter, aber viele Länder um uns herum werden schneller besser. Bildlich gesprochen: Während Läuferinnen und Läufer aus anderen Ländern bei einem 800-Meter-Lauf sprinten, schlendert der österreichische Teilnehmer ganz gemütlich und genießt die schöne Landschaft.

Damit ist klar: Wir stehen auch ökonomisch an einem Wendepunkt. Österreich braucht dringend eine mutige Reformagenda, die den Staat effizienter macht, Bildung und Innovation stärkt, Bürokratie deutlich zurückdrängt und die Staatsausgaben so konsolidiert, dass die steuerliche Belastung gesenkt wird. Das Versprechen, dass Leistung sich lohne und Arbeit sich auszahle, wurde von den Regierenden gebrochen. Ohne bessere Rahmenbedingungen wie flächendeckende qualitätsvolle Kinderbetreuung gerade auch für die Kleinsten bleibt der Druck auf Frauen ebenso groß wie der Gender Pay Gap. Und ohne ein geregeltes Einwanderungsrecht, das Zuzug von so dringend benötigten Fachkräften ermöglicht – nicht über das Ticket Asyl, sondern über eine unbürokratische Rot-Weiß-Rot Card –, wird es schwer, den Wohlstand zu halten.

Die Mitte unter Druck

Eine breite politische Mitte und eine starke wirtschaftliche Mittelschicht sind enorm wichtig für Gesellschaften. Lösungen gibt es nicht an den Rändern und auch sozialen Zusammenhalt, eine gute wirtschaftliche Entwicklung sowie soziale Aufstiegsmöglichkeiten nur dann, wenn die Mitte stark ist.

Politisch wie wirtschaftlich kommt die Mitte aber immer stärker unter Druck. Politisch nehmen Polarisierung und Extreme zu, dazu später mehr. Aber auch wirtschaftlich kann man den Eindruck bekommen, dass es in den letzten

Krisenjahren eher um »Reiche« und »Arme« ging. Die Mitte bekam wenig Aufmerksamkeit. Und das hat Folgen:

Das Versprechen, sich mit eigener Kraft etwas aufbauen zu können, war ein wirkmächtiges Versprechen der Aufbaujahre. »Meinen Kindern soll es besser gehen«, das war ein wesentlicher Antrieb für viele Mütter und Väter anzupacken, arbeiten zu gehen, etwas zu sparen und Werte zu schaffen, mit denen man den Kindern ein Leben ohne existenzielle wirtschaftliche Sorgen ermöglichen wollte. Bildung spielte bei diesem Aufstiegsversprechen eine ganz zentrale Rolle.

Dieses Versprechen ist gefühlt dahin. Mehr als zwei Drittel der Menschen in Österreich stimmen der Aussage zu: »Egal wie sehr man sich anstrengt, es ist kaum noch möglich, mit eigener Leistung Eigentum zu erwerben.«[19] Das ist dramatisch.

Es geht aber nicht nur um reine Psychologie. In der Tat haben die Regierungen der vergangenen Jahre oder sogar Jahrzehnte die Mitte im Stich gelassen. Die Einkommen stagnierten über weite Strecken seit 2005, die Immobilienpreise aber schossen in die Höhe[20]. Selbst der kürzliche Preisabfall ändert nichts daran, dass das, was viele mit einer Mittelschicht verbinden, nämlich ein Eigenheim oder eine Eigentumswohnung erwerben zu können, immer schwerer möglich ist. Denn schließlich haben sich auch die Zinsen für Kredite erhöht. Die Mieten sind ebenfalls deutlich stärker gestiegen als die Einkommen. »Streng dich an, bau dir etwas auf« – dieses Motto hatte jahrelang Gültigkeit, wird aber immer unrealistischer.

Pandemie und Teuerung setzten die Mitte stark unter Druck. Der wirtschaftliche Schock der Corona-Zeit und explodierende Energiepreise durch den russischen Angriffskrieg gegen die Ukraine wurden zur Belastung für die Haushalte.

Zu Recht wurde in der Öffentlichkeit stark die Situation der schwächeren Haushalte diskutiert. Menschen, die mit wenig Geld auskommen müssen oder armutsgefährdet sind, trifft die Teuerung naturgemäß massiv. Essen und heizen müssen alle. Der Fokus von Öffentlichkeit und Politik auf die unteren Einkommensgruppen machte sich auch bei den Maßnahmen bemerkbar: Der Budgetdienst des Parlaments kam in einer Analyse[21] zur Einkommensentwicklung seit Beginn der Covid-Krise zum Schluss, dass die Einkommen in den unteren Einkommensgruppen durch die Hilfsmaßnahmen gestiegen sind. Nach Abzug der Preiserhöhungen konnten diese Haushalte mehr Geld ausgeben als vor der Krise.

In den mittleren und höheren Einkommensgruppen aber sind die verfügbaren Einkommen teilweise unter dem Niveau von 2019 geblieben – dies vor allem aufgrund eines deutlichen Rückgangs der Vermögenseinkommen. Ohne Berücksichtigung von Vermögenseinkommen liegt Österreich beim Anstieg der Haushaltseinkommen im Mittelfeld – für 2024 wird allgemein ein Anstieg der Einkommen durch Lohnerhöhungen erwartet. Wenn man sich die Einkommensentwicklungen in diesen Jahren nach Altersgruppen ansieht, so erkennt man schnell, dass ein wesentlicher Faktor dafür, dass Einkommensverluste in Österreich insgesamt nicht höher ausgefallen sind, darin liegt, dass insbesondere die Einkommen durch Pensionen deutlich angestiegen sind. Deutlich stärker als die Einkommen von jüngeren Erwerbstätigen. Familien und Menschen mittleren Alters geraten also immer stärker unter Druck.

Die Abgabenquote in Österreich ist mit über 43 Prozent auf dem dritthöchsten Niveau in der gesamten OECD[22] und wird auch 2024 noch steigen. Es ist also der Staat selbst, der der Mitte oft im Weg steht, sich etwas aufzubauen. Wie sehr, das zeigt auch folgendes Beispiel: Ein Hilfskoch verdient heute rund 1800 Euro. Dieses Einkommen wird so hoch durch Abgaben belastet wie in den 1970er Jahren das durchschnittliche Einkommen einer Ärztin.[23] Ist das gerecht? Kann sich der Hilfskoch damit etwas aufbauen? Ganz sicher nicht. Einmal mehr: Die Mitte wird im Stich gelassen.

Die Mitte zahlt auch doppelt. Sie trägt den Großteil der Steuerlast, gleichzeitig vertraut sie den durch ihre Steuermittel erbrachten öffentlichen Leistungen immer weniger und sie zahlt privat dazu. Schauen wir auf den Gesundheitsbereich und den Bildungsbereich.

38 Prozent aller Menschen in Österreich, die Kinder eingerechnet, haben mittlerweile eine private Zusatzkrankenversicherung. Wir reden also schon längst nicht mehr davon, dass die obersten zehn Prozent sich alles richten können, sondern die Drei-Klassen-Medizin ist bereits Realität. Bis in die breite Mittelschicht wird privat zusätzlich investiert, um die besten Leistungen zu bekommen. Verständlich: Es herrschen lange Wartezeiten, Kassenärzte werden immer mehr zur Mangelware, besonders schlimm ist es dort, wo die Menschen auch im Sinne der Prävention einen niederschwelligen Zugang dringend bräuchten, etwa bei Kinderärztinnen und -ärzten. Mittlerweile ist nicht einmal mehr die Hälfte der Bevölkerung sehr zufrieden mit dem österreichischen Gesundheitssystem.[24]

Im Bereich der Schulen sind die Zahlen ähnlich deutlich. Die Zahl der Kinder in Privatschulen wächst, und zwar deutlich schneller als die Anzahl der Schülerinnen und Schüler insgesamt. Auch das Misstrauen von Eltern gegenüber dem öffentlichen Bildungssystem nimmt zu. So stieg der Anteil von Kindern in Privatschulen in den letzten zehn Jahren leicht von 9,3 Prozent im Jahr 2011 auf knapp 11 Prozent im Jahr 2021. In Wien betrug der Anteil sogar 18 Prozent.[25] Zusätzlich gaben private Haushalte 2020 insgesamt 364,3 Millionen Euro für staatliche Bildungsleistungen aus – darunter Gebühren für Betreuung und Verpflegung, Kindertagesheime oder auch Studiengebühren. Und da noch obendrauf kamen Ausgaben von Eltern für zusätzliche private Nachhilfe. Immerhin 121,6 Millionen Euro im Schuljahr 2022/2023.[26] Umgerechnet sind das 720 Euro pro Schulkind, das Nachhilfe bekommt. Wohlgemerkt im Durchschnitt. Viele Eltern können sich private Nachhilfe auf Dauer nicht leisten.

Überall bei öffentlichen Leistungen lauert also das Mittelmaß, und die Steuerzahlerinnen und Steuerzahler zahlen doppelt: durch hohe Steuern und mittelmäßige Leistungen, die sie sich privat noch aufbessern.

Demokratie braucht Debatte

Die Fragen, die uns alle umtreiben sollten, sind: Wie kriegen wir das alles wieder hin? Wie schaffen wir Wachstum und Wohlstand für alle? Wie erneuern wir ein belastbares Aufstiegsversprechen? Wie sorgen wir für die beste Bildung und Ausbildung unserer Kinder, für mehr Chancengerechtigkeit und damit auch mehr Innovationskraft? Wie können wir die Wettbewerbsfähigkeit der österreichischen Wirtschaft stärken? Wo sind die Zukunftstechnologien, in denen Österreich und Europa führend sind? Woher nehmen wir die dringend benötigten Arbeitskräfte in allen Bereichen, vom Bildungsbereich über den Gesundheitssektor und Pflegebereich bis zum Dienstleistungssektor? Wie sichern wir ein solidarisches Gesundheits- und Pensionssystem für die Zukunft? Wie stellen wir die Sicherheitspolitik auf neue Beine angesichts der aktuellen geopolitischen Lage mit dem Überfall Russlands auf die Ukraine? Wie lösen wir die Vertrauenskrise? Welchen Beitrag leisten wir alle zur Bekämpfung des Klimawandels, ohne die Industrie in Österreich und Europa zu zerstören? Und nicht zuletzt: Wie können wir sicherstellen, dass die Mitte weder ökonomisch noch politisch auseinanderbricht?

Darüber sollten wir streiten. Leidenschaftlich!

Doch bemerkenswerterweise ist unsere Zeit arm an Debatten. Viele Fragen werden in Expertenhände gelegt, an Behörden oder Institutionen (wie zum Beispiel die COFAG – Covid-19-Finanzierungsagentur des Bundes) ausgelagert, und immer wieder ist es der Verfassungsgerichtshof, der statt des Gesetzgebers wesentliche Weiterentwicklungen des Rechts vornimmt. Auch im Parlament werden immer weniger grundsätzliche Alternativen zur Entscheidung vorgelegt.[27] Erinnert sich irgendjemand an eine grundsätzliche Debatte zur Strategie während der Pandemie? Oder gab es je eine grundsätzliche Debatte, wie mit der stark angebotsseitig getriebenen Inflation umgegangen werden sollte? Manche Entscheidungen wie Lockdowns oder auch Wirtschaftshilfen werden als »alternativlos« dargestellt. Es findet also eine Entpolitisierung des Diskurses statt. Wo debattiert wird, wird dies als »Streit« geframt.

Anlässlich der Neueröffnung des sanierten Parlaments ergingen sich unzählige Medien in Harmoniesucht. Man müsse die Neueröffnung verbinden mit einem Bekenntnis zu weniger Streit und Hick-Hack. Ein besserer Umgangston und mehr Wertschätzung wären gewünscht und angebracht. Das erinnerte mich an den Beginn der Pandemie, als zaghafte Kritik an den Maßnahmen, wie zum Beispiel den geschlossenen Schulen oder die Frage, ob Ausgangsbeschränkungen auch verfassungskonform seien, als nachgerade anti-patriotischer Akt abgewehrt wurden. Jetzt müsse man doch zusammenstehen, hieß es, und so haben sich auch Medien vor den Harmonie-Karren spannen lassen. Harmonie verblödet, meint der streitbare Essayist Wolf Lotter.[28] Dem stimme ich zu, zumal ich selbst meine eigenen Gedanken oft erst im Diskurs, auch mal in der Rolle eines advocatus diabolis, schärfe. Viel mehr noch: Harmoniesucht tötet Demokratie. Denn Demokratie lebt von Widerspruch, nicht von Konsens. Rede und Widerrede sind wesentlich, sonst gibt es nur Macht auf der einen Seite und Ohnmacht auf der anderen.

Die Demokratie braucht nicht weniger Debatte, sondern grundsätzlichere. Die findet aber nicht statt. Liberale Demokratien sollten was aushalten, auch das Aufeinanderprallen von Meinungen. Damit dies aber gelingt, braucht es Diskursräume, die Debatten ermöglichen. Die sozialen Medien sind wohl kaum ideale Diskursräume, sondern engen diese ein. Dazu später mehr. Aber auch Parteien engen die Diskursräume ein: durch Populismus und, wie zuvor dargestellt, durch hohles Verkommen zur reinen Werbemaschinerie.

Um sich deutlicher von den Mitbewerbern abzugrenzen und vor allem die eigenen Wählerinnen und Wähler zu mobilisieren, greifen ÖVP und SPÖ im (Vor-)Wahlkampf auf ideologische Stehsätze zurück oder in die linkspopulistische Mottenkiste. Während Andreas Babler höhere Steuern für Unternehmen und »Vermögende« oder eine 32-Stunden-Woche bei vollem Lohnausgleich propagiert, setzt die ÖVP dem ein »Leistung muss sich wieder lohnen!« entgegen. Die ÖVP könnte Sorge dafür tragen, dass sich Leistung mehr lohnt in Österreich, schließlich sitzt sie seit 1987 durchgehend in der Regierung. Die SPÖ wiederum ist sogar angesichts der wirtschaftlich schlechten Situation und eines massiven Arbeitskräftemangels bald wieder von der Forderung nach einer generellen Arbeitszeitreduktion abgewichen. Es scheint zu dämmern, dass das wirtschaftlich wie sozial in der jetzigen Situation einer Harakiri-Aktion gleichkäme. Man kann also getrost davon ausgehen, dass vieles von dem, was derzeit gesagt wird, niemals über den Status der emotionalen Selbstbestätigung hinauskommt und auch nicht in einer Regierung umgesetzt werden würde.

Im Endeffekt geht es aber nicht um Argumente, es geht um Gefühle, und gefühlte Wahrheiten sind wichtiger als Fakten. Jedenfalls dann, wenn die klare Zugehörigkeit zu einer Gruppe betont werden soll.

Im Sommer 2023 wurde medial gestritten über die Frage, was der Kanzler Karl Nehammer als »normal« empfindet, ob Gendern wie in Niederösterreich verboten gehört und ob Bargeld in der Verfassung verankert werden sollte. Ein erschütterndes Bild, das die Politik da abgab, und die Menschen, die die Teuerung spürten, die Eintrübung der Wirtschaft mitbekamen und ohnmächtig nach Antworten suchten, fragten sich zu Recht: »Haben wir keine anderen Sorgen?«

Doch, wir haben andere Sorgen. Aber viele wesentliche Zukunftsfragen – von Krieg und Sicherheit, über den Klimawandel, Künstliche Intelligenz und die Zukunft der Globalisierung, bis zur Sicherung der Sozialsysteme – sind komplex. Viel zu komplex, um sie in eine »dafür – dagegen«-Logik der sozialen Medien (und zunehmend der Medien) zu gießen. Zusätzlich erkennen die meisten, dass viele der Fragen außerhalb ihres Einflussbereichs sind. So ist die Einsicht, dass der Klimawandel für uns eine Gefahr darstellt, bei vielen gegeben. Aber was kann ein Einzelner, was kann ein einzelner Staat wie Österreich, ja selbst, was kann und soll Europa schon unternehmen, wenn Asiens ganze Wirtschaftsmaschinerie auf fossile Brennstoffe baut? Die Ohnmacht ist also echt, der gefühlte Souveränitätsverlust auch aufgrund der Weltumspanntheit der Probleme real. Da die »großen« Fragen nicht einfach zu lösen sind, stürzen sich Politikerinnen und Politiker und auch Medien bisweilen gerne aufs »Kleine«: dorthin, wo man sich auskennt, wo schnell etwas geregelt, verboten, angeprangert werden kann.

Der Populismus nützt diese Ohnmachtsgefühle aus. Mit emotionalen, oftmals gesellschaftspolitischen oder kulturellen Themen wird auf einer Welle aus Angst, Wut und Empörung gesurft. So teilt sich auch die Gesellschaft in Gruppen, die wiederum Identität und Halt schaffen. Wir sind so besser zu unterscheiden in »wir« und »die anderen«. In der Politikwissenschaft bezeichnet man diese Orientierung an »Stammes«zugehörigkeit als »Tribalismus«

und die Politik, die eine solche Gruppenzugehörigkeit betont und die Bedürfnisse einer Gruppe in den Mittelpunkt ihres Handelns stellt, als »Identitätspolitik«.

Der Kulturkampf: Die aufgepeitschte Empörung

Der Kulturkampf innerhalb unserer westlichen Gesellschaften tobt also. Vereinfacht gesagt geht es um »Offenheit« versus »Geschlossenheit«, Pluralität versus Identität, Weltoffenheit versus Nationalismus und letztlich auch Liberalität versus Autoritarismus. Die Bruchlinien unserer Zeit in der Gesellschaft scheinen derzeit entlang kultureller Fragen zu verlaufen – mit den Polen Aufgeklärtheit, Offenheit, Multikulturalität und Toleranz auf der einen Seite und Identität, Sicherheitsbedürfnis, Traditionsliebe und geforderter Homogenität von Werten auf der anderen Seite. Diese Bruchlinien haben ökonomische (Klassen-)Auseinandersetzungen verdrängt. Man darf die handfesten ökonomischen Verteilungsfragen aber keinesfalls beiseitewischen oder gar ignorieren. Im letzten Demokratiemonitor von SORA[29] zeigte sich klar, dass das untere ökonomische Drittel am wenigsten den demokratischen Institutionen, der Regierung oder dem Parlament vertraut. Menschen fühlen sich abgehängt, sie sehen keine Anschlussmöglichkeit an die kulturell und ökonomisch »abgehobene Elite«.

So prallen – überspitzt formuliert – in Genderfragen, Klimaschutzfragen, Fragen der Zuwanderung oder geschlechtlichen Selbstbestimmung prekär lebende Künstler, die gerne bei einem »Chai Latte« mit Hafermilch die »Zeit« lesen, auf ökonomisch gut gestellte Mittelständlerinnen, die Eigenheime gebaut haben, gute Autos fahren und gerne Gabalier-Konzerte besuchen. Bildung und Aufgeklärtheit, Toleranz und Weltoffenheit werden als Monstranzen einer »Bildungselite« gesehen. Dieser wird unterstellt, dass sie mit Verachtung auf jene blicke, die die Konzepte von Offenheit nicht teilen. Man sollte die ökonomischen Fragen, insbesondere die Abstiegsängste der Mitte, nicht aus den Augen verlieren. Sie werden jedoch von kulturellen Fragen verdrängt. Die Zugehörigkeit zu einer »Kaste« vermisst sich entlang kultureller Normen wie Bildungsgrad, Medienkonsum, Lifestyle oder aber der Möglichkeit zur Dechiffrierung abstrakter Kunst.

Was liest du? Was machst du in deiner Freizeit? Wie achtsam lebst du? Wie offen und tolerant bist du? Welche Form von Kultur konsumierst du? Entlang dieser Fragen findet die hierarchische Einordnung von Gesellschaftsgruppen statt.

Die FPÖ hat das früh erkannt. Ich erinnere mich (hoffentlich präzise genug) an eine Serie von Wahlwerbespots der FPÖ unter dem damaligen Vorsitzenden Heinz-Christian Strache im Jahr 2017.[30] In einem Spot stand ein Paar vor einer abstrakten Objektkunst. Sie betrachteten das Objekt schweigend und schließlich stellte sich Strache neben die beiden. Er legte ihnen freundschaftlich die Hand auf die Schultern und sagte: »Gell, ihr denkt euch: Was soll der Blödsinn?« Die beiden atmeten erleichtert auf und seufzten: »Gott sei Dank sagt das jemand!« Strache erwiderte: »Wenn ihr es euch nicht zu sagen traut, dann sage ich es für euch!«

Menschen fühlen sich abgehängt. Sie haben das Gefühl, dass man auf sie herabschaut, wenn sie an Traditionen, Werten, nationaler Identität festhalten. Sie sind Verlierer des jahrzehntelangen Trends der zunehmenden Individualisierung der Gesellschaft. Der britische Autor David Goodhart hat die hier zutage tretenden Konflikte beschrieben mit den Begriffen der »Somewheres« und der »Anywheres«. Die »Somewheres«, also »Irgendwo-Menschen«, sind Menschen, die sich lokal verwurzelt und verbunden fühlen. Die »Anywheres«, die »Überall-Menschen«, könnten sich überall zu Hause fühlen.[31]

Gerade in sozialen Medien prallen diese Gruppen heute oft aneinander, doch dort gilt nicht »leben und leben lassen«. Im Gegenteil: Die einen belehren, moralisieren und strafen Andersdenkende mit Verachtung. Die anderen halten mit Bestemm dagegen, bezichtigen des Verrats an Werten und Traditionen, suchen im Zugehörigkeitsgefühl Bestätigung und auch politische Schwungmasse.

Und so stehen sich Gruppen unversöhnlich gegenüber. Die Folge ist ein unerbittlicher »Kulturkampf« um im Grunde unwesentliche Themen.

In einem Kindergarten in Deutschland wurde auf das Basteln für den Muttertag verzichtet – aus Rücksicht auf die Diversität von Familien. Der Sturm der Entrüstung war enorm, auf Twitter und Facebook wurde getobt, und rechtskonservative Politiker schalteten sich ein. Mit der Entrüstung war es aber nicht genug: Nachdem Name und Anschrift der »Kita« öffentlich genannt worden waren, gab es Drohungen, und Pädagoginnen, Kinder und Eltern hatten Angst. Der »Kulturkampf« gegen eine Märchen-Vorlesestunde einer Drag Queen in Wien führte zu einer Demonstration von Identitären und anderen rechtskonservativen, rechtsextremen oder populistischen Gruppen samt glücklicherweise deutlich größerer Gegendemonstration.

Ganz ehrlich: Haben wir nicht größere Probleme als die Frage, ob es Vorlesestunden von Drag Queens gibt, zu denen Eltern *freiwillig* mit ihren Kindern gehen können? Haben wir keine anderen Sorgen als die Frage, ob ein Kindergarten von sich aus beschließt, keine Muttertagsgeschenke zu basteln? Als Elternteil habe ich im Idealfall auch die Wahl, ob ich einen traditionelleren Kindergarten für mein Kind einem mit diversitätsbewusster Pädagogik vorziehe.

Populismus und Identitätspolitik machen den Nebenschauplatz zur Hauptbühne. Auf dieser wird skandiert und gebrüllt. Zwischentöne sind nicht erlaubt, die Vernunft, die

Ratio hat Sendepause. Atavismus und Instinkte sind es, die vorherrschen. Der Furor, mit welchem hier einige Fragen diskutiert werden, lässt mich bisweilen ratlos zurück. Es geht natürlich nicht um Differenziertheit in dieser Auseinandersetzung. Es geht nicht um ein »sowohl als auch«, man muss sich »bekennen« zu einer der beiden Seiten. Die Mitte soll zerrieben werden und wird es auch.

Vor allem für Rechtspopulisten ist dieser Kulturkampf ein Geschenk. Sie peitschen die Emotionen hoch und betätigen sich gerne am Lautstärkeregler der Empörung. Schließlich sind sie es, die sich als Retter der Tradition und Kultur des Abendlandes sehen.

Identitätspolitik führt in eine Sackgasse

Auf der Conservative Political Action Conference, organisiert von der American Conservative Union Foundation, kamen auf Einladung des ungarischen Ministerpräsidenten Viktor Orbán Ultra-Rechte und Nationalisten im Mai 2023 in Budapest zusammen. Am Eingang gingen die Gäste durch ein Tor, auf dem »No Woke Zone« zu lesen war.

»Woke« zu sein bedeutet ursprünglich, wachsam und engagiert zu sein, besonders gegenüber Rassismus und Ungerechtigkeit. Mittlerweile hat die Rechte das Wort zum Kampfbegriff erhoben und wettert gegen jegliche Form der politischen Korrektheit.

Der mittlerweile im Rennen um die Wahl zum republikanischen US-Präsidentschaftskandidaten ausgestiegene Gouverneur Floridas Ron DeSantis führte einen strengen »Anti-Woke«-Kurs, auch gegen den Disney Konzern. Dieser

hatte sich gegen DeSantis' »Don't say Gay«-Gesetz ausge-
sprochen, das die Themen LGBTIQ und Geschlechtsidenti-
tät in den Lehrplänen Floridas stark dezimierte. DeSantis
schränkte daraufhin legislativ den Sonderstatus des Dis-
ney-Areals in Florida ein, eine Klage des Disney-Konzerns
war die Folge.[32]

In Großbritannien ernannte Premierminister Rishi
Sunak die rechtskonservative Esther McCoy zur Ministerin
ohne Portfolio, dem Vernehmen nach soll sie die informelle
»Ministerin für den Hausverstand« sein und eine stramme
»Anti-Woke«-Linie fahren.[33]

Wir erinnern uns schmerzlich an die zuvor beschriebene
»Normal«-Debatte des Sommers 2023 oder daran, dass die
niederösterreichische Landeshauptfrau Johanna Mikl-
Leitner das von der FPÖ in der niederösterreichischen
Koalition durchgesetzte Genderverbot in Leserbriefen
unter anderem in der »Kronen Zeitung« mit dem Verweis
auf die »normal denkende Mitte« verteidigte.

Anlässlich der Pride-Woche in Wien wurde im Juni 2023
das Parlament in Regenbogenfarben beleuchtet. Darauf
hatten sich fast alle Parlamentsfraktionen geeinigt. Als
ich ein Selfie mit der Beleuchtung in den sozialen Medien
postete[34], ging es rund. Unzählige Schmähkommentare
waren die Folge. Manche Postings nahmen Bezug auf das
Verfahren wegen Kinderpornografie gegen den Schau-
spieler Florian Teichtmeister und unterstellten Gut-
heißung.

Wie die Beispiele zeigen, haben westliche Rechtspopulisten und Nationalisten also eine lohnende Kampfzone für
sich entdeckt. Konservative Politiker springen auf den Zug
auf und so wird die Kampfzone immer weiter in die Mitte
gerückt.

Gleichzeitig sind aber gerade unter Linken auch Aus-
wüchse von Empörungsmechanismen unter dem Titel
der politischen Korrektheit zu beobachten, die man als
»Wokismus« bezeichnen könnte. Diese haben klar autoritäre Züge. So ist »Cancel Culture« ein Phänomen, bei dem

einzelne Personen oder Gruppen die Bloßstellung, Ächtung oder gar Auftrittsverbote einzelner Personen fordern. Die »Harry Potter«-Autorin J. K. Rowling wurde unter anderem öffentlich angegriffen und geächtet, weil sie sich gegen den Begriff »menstruierende Person« gewehrt hatte. Die Musikerin Ronja Maltzahn wurde von einem Auftritt für »Fridays for Future« ausgeladen,[35] weil sie Dreadlocks trägt. Das sei »kulturelle Aneignung«. Der weiße, männliche Katalane Victor Obiols wurde als Übersetzer des wunderbaren Gedichts »The Hill We Climb« von Amanda Gorman, das bei der Inauguration von US-Präsident Biden vorgetragen wurde, ausgeschlossen, weil er eben weiß war. Vor allem an US-amerikanischen Universitäten tobt sich linker Wokismus aus. Gegenbewegungen formieren sich jedoch, so wurde der »Academic Freedom Letter« des Ökonomen John Cochrane, in dem er ein »Cancel Culture«-Phänomen an amerikanischen Universitäten kritisiert, von mehr als 1000 Professorinnen und Professoren unterschrieben. Im Nachklang der Terroranschläge der Hamas am 7. Oktober 2023 in Israel fanden an einer Vielzahl von amerikanischen Universitäten propalästinensische Kundgebungen statt, bei denen es zu wiederholten antisemitischen Vorfällen kam. Die mangelnde bis zögernde Verurteilung der Vorfälle auf dem Uni-Campus durch Rektorinnen führte zu einer breiten Debatte über »Wokismus« und zu den Rücktritten der Rektorinnen der Universitäten von Pennsylvania und Harvard, Liz Magill[36] und Claudine Gay[37].

Auch ich habe mich empört, als der Gesundheitsminister im Zuge der Neufassung des Mutter-Kind-Passes von Schwangeren als »schwangeren Personen« sprach (der Pass soll vernünftigerweise zukünftig Eltern-Kind-Pass heißen, schließlich ist es im Sinne der Gleichstellung eine gute Sache, wenn immer mehr Väter die Kinderarzttermine mit ihrem Nachwuchs erledigen). Warum mich das getriggert hat? Weil ich Feministin bin und Frauen viel zu lange immer »mitgemeint« waren. Tut es mir weh, wenn im Sinne einer inklusiven, gendersensiblen Sprache Transmänner, die auch schwanger werden können, sprachlich inkludiert werden? Mein Hirn sagt nein, mein Herz sagt ja.

Und so wurde ich in den sozialen Medien als »TERF« bezeichnet – »Trans-Exclusionary-Radical Feminist«– , also als Feministin, die transgeschlechtliche Personen diskriminiert oder die Transidentität als solche in Frage stellt. Das traf mich sehr, bin ich doch immer für eine offene Gesellschaft, die Würde des Menschen, universelle Menschenrechte, gleiche Rechte für alle und die eigene Selbstbestimmtheit eingetreten. Immer.

Aber wo ist der Unterschied zwischen einer Feministin, die es schmerzt, dass das Wort »Frau« durch »schwangere Person« oder »menstruierende Person« ersetzt wird, und den Proponentinnen und Proponenten, die argumentieren, dass gerade eine afroamerikanische Lyrikerin wie Amanda Gorman, die Unterdrückung, mangelnde Gleichberechtigung und institutionelle Diskriminierung anprangert, in einem institutionell weißen Kulturbetrieb nicht ausgerechnet durch einen weißen Mann übersetzt werden sollte? Da wie dort geht es um individuelle Befindlichkeiten.

Unter dem Hashtag #LGBWithoutTheT lässt sich nun die Schwulen- und Lesben-Community von der Trans-Community »scheiden«. Orientierung und Identität, so wird nicht unschlüssig argumentiert, seien zwei verschiedene Dinge, die unter dem Begriff LGBTIQ vermischt würden. Die Emotionen auf beiden Seiten gehen hoch – und die Rechtspopulisten schauen feixend zu, wie sich die Community nun selbst zerfleischt.

Nach jahrzehntelangem Kampf gegen die Segregation von Weißen und Schwarzen in US-amerikanischen Ausbildungsstätten gehen nun einige Schulen im Namen der Antidiskriminierung dazu über, temporär wieder »Rassen-Affinität«-Gruppen zu unterscheiden: Afroamerikaner, Asiatinnen, Latinos, Weiße etc. sollen so motiviert werden, in geschützten Räumen offen über ihre Identitätserfahrungen zu berichten.[38] Im Namen des Wokismus wird aus einem Diskriminierungsverbot schnell mal ein Diskriminierungsgebot. So wichtig es ist, gegen Diskriminierung und Benachteiligung aufzustehen, so grotesk ereifernd muten die Methoden zur Gleichstellung teilweise an. Sie legen durchwegs illiberale und antihumanistische Haltungen an den Tag.

Ernsthaft: Bringt uns das als Gesellschaft weiter? Schützt diese Diskussion vor Diskriminierung? Milton Friedman sagte, dass eine Gesellschaft, die Gleichheit über Freiheit stellt, nichts von beidem bekommen wird.[39] Recht hat er.

So werden immer neue kommunikative Schlachtfelder gefunden. Oft sind in einer Sekunde hunderte Accounts dabei, Andersdenkende niederzumachen, und der virtuelle Dorfbrunnen wird zum Gerichtsplatz. Und es gibt viele Richterinnen und viele Henker. Befindlichkeiten stoßen auf Belehrungen. Viele auf rechter und rechtsextremer Seite, viele aber auch auf linker mit erhobenem Zeigefinger.

Ein Shitstorm ist schnell da, persönliche Untergriffe bis hin zu Beleidigungen, Diffamierungen, sogar Drohungen oder Vergewaltigungswünschen auch. Nicht wenige ziehen sich zurück aus den zunehmend vergifteten Medien. Das ist mehr als schade, denn den »Gegner« »mundtot« zu machen, darf nicht funktionieren. Politik braucht Öffentlichkeit. Der Rückzug ins Private ist keine Option, auch wenn es wehtut. Zu viel steht auf dem Spiel.

Identitätspolitik und Wokismus führen uns in eine Sackgasse. Es geht nicht um immer kleinere Gruppen und deren Benachteiligungen oder Befindlichkeiten, sondern um ganz Grundsätzliches, Universelles: In liberalen offenen Gesellschaften, in liberalen Demokratien können sich Minderheiten auf Schutz verlassen, und jeder Mensch hat das Recht auf Schutz vor Diskriminierung und das legitime Anliegen von Repräsentation. Das Verbindende, das Inkludierende ist das nötige Handreichen beim Einsatz für eine offene Gesellschaft. Dreh- und Angelpunkt muss aber der einzelne Mensch sein, seine Freiheit und seine Menschenwürde.

Von der Empörung zur Verschwörung

Viele der zuvor skizzierten »kulturellen« Fragen sind also in den letzten Jahren global Kampfgebiete vor allem für Rechtspopulisten geworden. Ob Rechte von LGBTIQ, Migration, Feminismus oder der Einsatz gegen den Klimawandel: alles lohnende Felder für eine identitäre Politik, die emotionalisiert und manipuliert. Die idealen Nährböden sind die Angst vor der kulturellen Entwurzelung, vor dem sozialen Abstieg und vor Bedeutungsverlust. Und hier gedeihen ganz besonders gut auch Verschwörungstheorien wie die des »Großen Austauschs«. Im Kern geht es dabei darum, dass eine »globalistische Elite«, jedenfalls auch internationale Konzerne oder Banken, aktiv den Austausch der weißen »autochtonen« Bevölkerung vorantreiben würde. Internationale Abkommen, die dem Ziel dienen, Migrationsprobleme auf internationaler Ebene zu lösen, wurden gerade als Zeugnis und Beleg dafür genommen, dass es diese Verschwörung der Eliten gäbe.

Während der Pandemie wurde diese Verschwörungstheorie noch weitergetrieben. Der Chef des World Economic Forum Klaus Schwab entwarf für die Zeit nach der Pandemie einen Plan für einen weltweiten »großen Neustart« (»Great Reset«) in Bezug auf Wirtschaft und Gesellschaft.[40] Aus Sorge vor wirtschaftlichem Abschwung und gesundheitlichen Schäden und den damit verbundenen negativen Folgen für den sozialen Zusammenhalt propagierte Schwab einen kritischen Blick auf einen von reinen Shareholder-Interessen getriebenen Kapitalismus. Er betonte die Notwendigkeit von stärkeren Regierungen und besserer internationaler Koordinierung, zum Beispiel bei Unternehmensbesteuerung, forderte die Fokussierung auf Investitionen in nachhaltige Entwicklung sowie den besseren

Einsatz von Digitalisierung und KI zum sozialen und gesundheitlichen Wohle der Menschen. Man mag zu diesen Vorschlägen stehen, wie man will, den Rechtspopulisten diente dieser Plan einmal mehr dazu, die Verschwörung weiter und auf die Spitze zu treiben. Der »Great Reset« wurde zum bösartigen Plan der globalen Eliten umgedeutet, eine neue, totalitäre Weltordnung zu errichten. Die Covid-Schutzimpfung passte hier ins Bild – je nach Erzählung als Mittel zur totalen Kontrolle der Menschen (Chips!) oder zur gezielten Tötung.

Verschwörungstheorien gibt es seit Jahrhunderten. Menschen versuchen durch sie eine Erklärung für Ereignisse zu finden. »Mächtigen Akteuren« wird unterstellt, im Verborgenen einen bösartigen Plan zu verfolgen. Dass vieles auch einfach »Zufall« sein könnte, scheint eine Zumutung. Bis vor kurzem hatte die Bedeutung von Verschwörungstheorien weltweit abgenommen. Durch Bildung und Aufklärung wurde kruder Verschwörungsglaube stigmatisiert und damit an den Rand der Gesellschaft gedrängt. Die sozialen Medien geben Verschwörungstheorien nun wieder Aufwind und massive Reichweite auch in der Mitte der Gesellschaft. Dort werden sie zum ernstzunehmenden Problem. Wie viele Menschen mögen wohl an Covid gestorben sein oder laborieren an Langzeitfolgen, weil sie sich aus Irrglauben, Angst oder Verunsicherung nicht haben impfen lassen?

Als »Pizzagate« wurde folgende unrühmliche Geschichte einer Verschwörungstheorie bekannt: Die Erzählung lautete, dass im Keller einer Pizzeria in Washington DC ein Kinderpornoring betrieben würde, an dem auch die damalige Präsidentschaftskandidatin Hillary Clinton beteiligt sei. So absurd das klingt, diese Theorie verbreitete sich über die sozialen Medien rasant und wurde auch von vielen namhaften Personen verbreitet. 2016 stürmte ein bewaffneter Mann die Pizzeria, gab Schüsse ab, um die »Kinder zu befreien« – nur um feststellen zu müssen, dass es gar keinen Keller in der Pizzeria gab. Er wurde verhaftet und verurteilt, glücklicherweise wurde niemand verletzt. So belustigend diese Erzählung auf den ersten Blick scheinen mag, die Geschichte wurde weiterverbreitet und von einem anonymen Poster mit Namen »Q« sowie darauf aufbauend von der rechtsextremen Verschwörungsgruppe »QAnon« aufgegriffen und weiterentwickelt. Die »Eliten« würden das Blut kleiner Kinder abzapfen, um mithilfe des darin enthaltenen Stoffes Adrenochrom ihre Jugend zu erhalten. Als ich zum ersten Mal davon las, konnte ich nicht glauben, dass irgendwer so einen Unsinn verzapfen, geschweige denn glauben konnte. Ist doch völlig absurd? Aber auch gefährlich. »QAnon« verbreitete sich rasch in den USA (und auch in Europa), verlässliche Daten zur Zahl der Anhänger gibt es nicht.[41] Nach der Wahlniederlage von Donald Trump erging von einschlägigen Kanälen und Postern unter #CrossTheRubicon der Aufruf, Aktionen zu setzen. Im Jänner 2021 brach die bis dahin brodelnde Gewalt im Sturm auf das Kapitol in Washington DC aus. Mittendrin im gewaltbereiten Mob waren unzählige »Q«-Symbole zu sehen.

Noch gefährlicher wird es dort, wo politische Gruppen wie Populisten und Extremistinnen den Kern solcher Verschwörungstheorien aufgreifen und instrumentalisieren. Oder selbst »Fake News«, also Lügen und Desinformationen, verbreiten, um Emotionen anzufachen. Es ist eine akademische Diskussion, ob Trump selbst Anhänger von »QAnon« sei. Diese Frage ist irrelevant. Relevant ist, dass er bewusst Symbole und Teilnarrative in seinen Kampagnen verwendet, den Anhängern von »QAnon« damit Glauben signalisiert und sie dadurch legitimiert.

Auch staatliche Akteure wie Russland oder China bedienen sich längst gezielt gestreuter Falschinformationen. Solche Desinformationskampagnen sind nichts Neues im Informationskrieg der Weltmächte. Zu Beginn der 1980er Jahre verbreitete sich HIV und Aids weltweit. Der KGB streute das Gerücht, HIV sei einem US-amerikanischen Labor entsprungen und vom CIA verbreitet worden.[42] Doch während damals diese Story Monate brauchte, um eine breitere Öffentlichkeit zu erreichen (und zu verunsichern sowie zu manipulieren), werden heute Fake News binnen kürzester Zeit in den sozialen Medien verbreitet. Mit für unsere Freiheit und Demokratie gefährlichen Auswirkungen.

Russische Trollfabriken und ihre Propagandagehilfen

Russland ist seit Jahren verlässlicher Generator von Verschwörungstheorien. Mithilfe zahlloser Chatbots und Trolle aus »St. Petersburger Trollfabriken« wie der IRA (Internet Research Agency) des mittlerweile ums Leben gekommenen Söldner-Chefs Jewgeni Prigoschin versucht der Kreml westliche Demokratien zu destabilisieren. Dort werden Millionen von Postings über Bots abgesetzt, mit dem Ziel, Stimmungen zu schüren, Gesellschaften zu spalten und auch Wahlen oder Abstimmungen zu manipulieren. Mit Erfolg. Sowohl bei der Wahl von Donald Trump[43] als auch beim Brexit hatte der Kreml wohl seine Hände im Spiel.[44] Auch bei der französischen Präsidentschaftswahl wurde russische Einflussnahme sichtbar. Ein parlamentarischer Untersuchungsausschuss in Frankreich stellte fest, dass die Partei der Rechtspopulistin Marine Le Pen als Sprachrohr des Kremls auftrat. Die Partei »Rassemblement National« war auch aus Russland mittels Krediten unterstützt worden.

Gerade nach der illegalen Annexion der Krim durch Russland 2014 und selbstredend nach dem Überfall Russlands und dem Beginn des Angriffskriegs wurden die willfährigen Propagandagehilfen Putins nicht müde, dem Westen, den USA, der UNO, der NATO, den Nazis die Schuld zu geben. Ein Bericht der Europäischen Union über russische Desinformationskampagnen nach Beginn des Krieges in der Ukraine[45] legte dar, dass der Kreml schon in den ersten Monaten des Krieges breit angelegte Desinformationskampagnen gegen die EU und ihre Verbündeten fuhr. Diese erreichten über 165 Millionen Menschen und erhielten zumindest 16 Milliarden Aufrufe. Soziale Medienunternehmen ermöglichten diese breit angelegten Kampagnen. Vorläufige Analysen belegen, dass die Desinformation 2023 an Reichweite noch weiter zugenommen hat.

So kursierten Videos, die den angeblichen Kokain-Konsum des ukrainischen Präsidenten Wolodymyr Selenskyj belegen sollten. Sie halten allesamt einem Faktencheck nicht stand.[46] Nach der USA-Reise von Selenskyj und seiner Frau Olga Selenska wurden Meldungen in den sozialen Medien verbreitet, wonach Selenska für über eine Million Dollar Schmuck bei Cartier gekauft haben soll. Dabei habe sie sich über eine Mitarbeiterin beschwert, die daraufhin gefeuert worden sei. Als »Beleg« wurde eine Rechnung präsentiert. Alles Fake, wie mehrere Plattformen recherchierten. Selenska war zum fraglichen Zeitpunkt gar nicht mehr in New York, sondern in Kanada.[47]

Doch Meldungen wie diese verbreiten sich mittlerweile in rasender Geschwindigkeit. Sie werden von jemandem bewusst produziert und danach geteilt. Viel zu viele sind anfällig für Fake News und Verschwörungstheorien. Parteien wie die AfD in Deutschland oder die FPÖ in Österreich tragen ihr Schärflein dazu bei. Während vielen Menschen schlicht Unwissenheit oder mangelnde Sensibilität gegenüber Propaganda unterstellt werden kann, agieren Vertreterinnen und Vertreter vieler rechtspopulistischer Parteien in Europa als bereitwillige Kreml-Unterstützer.

Manch einer ist auch bezahlt: Die Cyprus Confidential Leaks eines Investigativ-Kollektivs[48] deckten im Herbst

2023 auf, dass unter anderem der deutsche Autor und Journalist Hubert Seipel große Geldsummen aus Russland bekommen hatte. Er schrieb Bücher über Wladimir Putin und die Notwendigkeit einer Annäherung Europas an Russland, tingelte nach dem Angriff Russlands auf die Ukraine durch Talkshows und gab in bester Manier Kreml-Propaganda zum Besten: die NATO sei schuld etc.

»Aber was geht uns das an?«, mag man sich fragen. Nun, letztlich steht unsere demokratische Ordnung auf dem Spiel. Die liberale Demokratie, die westlichen Allianzen und auch die EU sind Nationalisten und autoritären Regimen ein Dorn im Auge. Wir werden manipuliert und infiltriert und merken es nicht einmal. Dabei geht es um einen erbitterten Kampf um die Vormachtstellung von politischen Systemen und Ideen. Unsere Freiheit, unser Frieden und unser Wohlstand sind dabei in Gefahr, nicht zuletzt auch die EU selbst.

Soziale Medien als Gefahr für die liberale Demokratie

Der globale Aufstieg populistischer Parteien ist mittlerweile klar mit der Nutzung und Durchdringung von Internet und den sozialen Medien in Zusammenhang zu bringen. Darauf weisen auch Studien hin. Zwischen 2007 und 2018 stieg die Nutzung von 3G in Italien von 37 auf 90 Prozent der Menschen. Im gleichen Zeitraum legten rechtspopulistische Parteien um 4,6 Prozentpunkte und linkspopulistische Parteien um 3,6 Prozentpunkte zu.[49] Die Studien sind aber schon älter. Pandemie, Ukraine-Krieg, tobender Kulturkampf und zuletzt auch der israelische

Krieg gegen die Hamas haben das Ausmaß der täglichen Propagandabeschallung schier unglaublich anwachsen lassen.

Klassische Medien geraten immer mehr unter Druck und die für eine liberale Demokratie so wichtige Funktion als »Gatekeeper« (Torwächter) gegen Propaganda und Lüge gerät ins Wanken. Mussten früher Flugblätter gedruckt und verteilt werden, verbreiten sich Pamphlete heute rasend schnell. Microtargeting, also die Möglichkeit, datenbasierte, maßgeschneiderte Werbemaßnahmen für Wählerinnen und Wähler zu setzen, ist ein Einfallstor für Manipulation und dürfte ebenfalls populistische Parteien zu größeren Erfolgen führen als gemäßigte. So kam eine Analyse der Werbemaßnahmen im Laufe der US-amerikanischen Präsidentschaftswahlen 2016 zum Schluss, dass gezielte Werbemaßnahmen auf Facebook nach den Kriterien Wohnort, Geschlecht, Ethnizität und Ideologie die Wahlbeteiligung von Trump-Wählern erhöhten, während sie die »liberalen« potenziellen Wählerinnen und Wähler für Hillary Clinton demobilisierten.[50]

Der globale Informationskrieg ist längst schon zur Goldgrube geworden für eine weltweite Desinformationsindustrie. Das Unternehmen Camebridge Analytica sammelte über Umfragen illegal eine große Menge an persönlichen Daten von Millionen Facebook-Nutzerinnen und -Nutzern und setzte diese Daten ohne deren Zustimmung für gezielte Wahlkampfwerbung für Donald Trump ein. Das Rechercheprojekt »Storykillers« enthüllte, dass eine israelische Arbeitsgruppe mit dem Namen »Team Jorge« einem vermeintlich interessierten Kunden anbot, Wahlen zu manipulieren.[51] Mit fingierten Skandalen, Lügenkampagnen und beeinflussten Abstimmungen – nötigenfalls könne man auch einen Aufruhr auf den Straßen anzetteln.[52]

Niemand kann also mehr die Augen davor verschließen, dass die sozialen Medien es Akteuren ermöglichen, Menschen aufzuwiegeln. Fake News und Desinformation werden von staatlichen wie nichtstaatlichen Akteuren gezielt eingesetzt, um Massen zu mobilisieren und Wahlen zu beeinflussen. Dabei steht unsere liberale Demokratie selbst auf dem Spiel. Populisten fühlen sich nicht an ein Mindestmaß an staatspolitischer Verantwortung gebunden und sind bereit zur Lüge. Ihr Feind: die Liberalen und die liberale Demokratie. Der kapitalistische Westen wird mit seinen eigenen Waffen geschlagen.

Im Herbst 2023 trendete »Letter to America« auf TikTok. Junge Menschen in den USA lasen dabei laut den öffentlichen Brief Osama Bin Ladens vor, in dem er die terroristischen Anschläge vom 11. September 2001 rechtfertigtc. Sie berichteten, dass dieser Brief ihre Einstellung verändert, ja ihnen die Augen geöffnet habe. Das Fazit: Eigentlich seien die USA und der Westen selbst schuld, Terrorismus sei reine Gegenwehr. Es ist wohl kein Zufall, dass dies ausgerechnet zu dem Zeitpunkt passierte, als auf vielen Straßen Europas und der USA, auf Uni-Campus und bei »Fridays for Future«-Veranstaltungen offen mit der Terrororganisation Hamas sympathisiert wurde und nicht wenige deren barbarische Terrorangriffe vom 7. Oktober 2023 ebenfalls als logische Gegenreaktion auf den Kolonialismus Israels bezeichneten.

14 Prozent der US-Amerikanerinnen und -Amerikaner informieren sich regelmäßig auf TikTok[53], bei den Jungen werden es weit mehr sein. Laut einer Studie des Market Instituts nutzen allein 51 Prozent der Jugendlichen in Oberösterreich TikTok.[54] Das ist umso bedeutender, als TikTok als chinesisches Unternehmen nicht unbegründet unter Verdacht steht, ein trojanisches Pferd für die chinesische Kommunistische Partei zu sein. Der Gedanke, dass die Verhaltensdaten von mehr als der Hälfte aller jungen Menschen in Europa und den USA letztlich Chinas Greifen nach der Weltvormachtstellung unterstützen können, sollte sämtliche Alarmglocken schrillen lassen.

Soziale Medienunternehmen sind nämlich vor allem eines: Datenkraken. Über lange Zeit legten sie die Regeln, welche Daten sie wie und für welchen Zweck sammelten, speicherten und weiterverkauften, selbst fest. Algorithmen, die kein Nutzer kennt, legen fest, was man sieht und was nicht. Mit Selbstbestimmtheit und Autonomie in der Frage, was konsumiert wird und was man von sich preisgeben möchte, hat das wenig zu tun. Und die sind in Gefahr. Längst haben soziale Medienunternehmen marktbeherrschende Stellung. Gegenüber klassischen Medien haben sie nicht nur die Überlegenheit durch Nutzerzahl und -daten, sie produzieren auch keine Inhalte selbst, sondern greifen (selbstverständlich zum Nulltarif) auf das geistige Eigentum anderer zurück. Für Inhalte, die auf den Plattformen gezeigt werden, wollen sie daher auch keine Verantwortung übernehmen.

Es ist an der Zeit, die Naivität abzulegen. Unsere Freiheit ist in Gefahr und mit ihr möglicherweise auch unsere liberalen Demokratien.

KI: Kommt es noch schlimmer?

Längst sind es nicht nur menschliche Akteure, die in den sozialen Medien unterwegs sind. Künstliche Intelligenz (KI) ist auf rasantem Vormarsch. ChatGPT wurde im November 2022 öffentlich gelaunt und schaffte binnen fünf Tagen, bereits eine Million Nutzerinnen und Nutzer zu haben,[55] im August 2023 waren es mehr als 180 Millionen. Mittlerweile findet sich eine Vielzahl von Sprachmodellen, zum Teil Open Source, und es ist davon auszugehen, dass in den kommenden Monaten KI in alle Lebensbereiche vordringen wird.

Und jetzt stelle man sich vor, Desinformationskampagnen träfen auf hochpotente KI. Oder noch schlimmer, die KI selbst könnte besser als jeder Mensch darin werden, Geschichten zu erfinden, zu erzählen und zu verbreiten. Geschichten, die Menschen emotionalisieren, wütend machen und Wahlverhalten beeinflussen. Eine unrealistische, rein theoretische Spielerei? Mitnichten. Der Philosoph und Autor Yuval Harari[56] geht noch weiter und spricht vom potenziellen Ende der Demokratie und gar vom Ende der menschlichen Geschichte. Wie einst nukleare Energie könne KI sowohl Gutes als auch furchtbar Böses bis hin zum Ende der Menschheit bewirken. Weshalb KI auch rasch reguliert und ähnlich wie Atomwaffen unter internationale, völkerrechtliche Kontrolle gebracht werden müsse. Im Frühjahr 2023 forderten mehrere namhafte Forscherinnen und Unternehmer wie Elon Musk einen Entwicklungsstopp für KI.[57]

Die Angst vor technologischem Wandel ist nicht neu und bis dato haben sich apokalyptische Prophezeiungen nie bewahrheitet. Neue Jobs und neue Produktivitätschancen sind entstanden und die Menschheit hat gelernt, mit neuen Technologien umzugehen, sie zu nutzen. Die Fragen, ob KI reguliert werden muss und wenn ja, wie weit, und ob mit der Weiterentwicklung von KI das Leben der Menschen besser oder sogar ganz ausgelöscht wird, werden oft auf Basis von Schlagworten diskutiert. Faktum ist: Einige Fragen müssen mit Sicherheit regulatorisch gelöst werden, ein »Entwicklungsstopp« scheint aber völlig unangemessen, zumal sich die Frage stellt, in welchen Teilen der Welt man sich an so einem Entwicklungsstopp nicht beteiligen würde. Die Apokalypse steht wohl kaum bevor, aber klar ist: Die Entwicklung in welche Richtung auch immer ist rasend schnell.

Der Autor Tim Urban bringt in seinem Buch »What's our Problem« folgendes Bild:

Man nehme an, die Geschichte der Menschheit von rund 250 000 Jahren wäre in einem Buch dargestellt, das

1000 Seiten stark ist. Jede Seite wäre die Darstellung von rund 250 Jahren. Der überwiegende Teil des Buches würde sich mit dem Menschen als Jäger und Sammler beschäftigen. Die Agrarrevolution wäre circa erst auf Seite 950. Und erst auf Seite 1000 stünde die Geschichte von rund 1770 an bis heute. Die Seiten des Buches wären gegen Ende also immer dichter beschrieben. Während man recht leicht von Seite 499 auf 500 blättern könnte und sich auch dort zurechtfinden würde, wäre das völlig ausgeschlossen für den Sprung von 1770 bis heute. Der Sprung von Seite 999 auf Seite 1000 wäre also viel größer als auf allen Seiten zuvor. Und nun zur Vorstellung, was auf der Seite 1001 stehen würde. Es könnte, so argumentiert Urban, eine technologische Utopie oder ein völlig verheerender Alptraum sein.

Das Problem ist: Wir lesen dieses Buch nicht. Wir schreiben es. Möglicherweise ist die einzige Frage, die uns beschäftigen sollte: Wer bekommt in den nächsten Monaten den Stift in die Hand, um das Buch auf der nächsten Seite weiterzuschreiben?

Sind wir in der Lage, richtige von falschen Narrativen zu unterscheiden? Können wir uns aus der Polarisierungsspirale lösen? Sind wir unseren niedrigen Instinkten wie Tribalismus einfach ausgeliefert, sodass jeder einmal in die Empörungsfalle läuft? Tim Urban vergleicht in dem genannten Buch die Gesellschaft mit einem vierjährigen Kleinkind, das gerade sein Eis verloren hat. Wie können wir sicherstellen, dass wir wie aufgeklärte »Erwachsene« uns der eigenen Vernunft bedienen und uns den wirklichen Problemen für die Zukunft widmen? Es erfordert Mut, skeptisch und kritisch zu sein. Noch mehr Mut erfordert es allerdings, wirklich wissen zu wollen. Letztlich muss hier wohl jeder bei sich selbst anfangen und rationale Argumente moralischen vorziehen. Dazu später mehr.

Die globale Dimension der Herausforderungen

Ich weiß nicht, ob es beruhigend oder eher das Gegenteil davon ist, aber: Wir sind, wie schon skizziert, in Österreich mit vielen dieser Fragen und Probleme nicht allein. Wir müssen die globale Dimension der Herausforderungen sehen. Abgesehen von der notwendigen gemeinsamen Abwehr von Desinformationskampagnen werden westliche Industriegesellschaften älter und brauchen Arbeitskräfte. Die Staatsschulden sind nahezu überall in der westlichen Welt enorm gestiegen und stehen angesichts von Krisen und demografischer Entwicklung unter enormem Druck.

Weltweit hat die Corona-Pandemie Staaten und auch die internationale Gemeinschaft gesundheitlich, institutionell und wirtschaftlich erschüttert. Der Kampf gegen den Klimawandel ist ein globaler, die Frage der Aufrechterhaltung von Industrie und Produktion beschäftigt sämtliche Industriestaaten. Gleichzeitig wächst in vielen Teilen der Welt die Gefahr von Dürren, Wasser- und Lebensmittelknappheit, die Migration wird steigen und ein zunehmendes Sicherheitsrisiko darstellen. Westliche Industriestaaten verzeichnen eine immer älter werdende Bevölkerung, der Zuzug von jüngeren Arbeitskräften wird also ebenso zur Wettbewerbsfrage wie zur Frage der nachhaltigen Finanzierung von Sozialsystemen für entwickelte Länder, auch China. Gleichzeitig wird die Bereitschaft für eine strikte Antimigrationspolitik durch einen zunehmenden Fokus auf nationale und kulturelle Identität immer größer, gesellschaftliche Spannungen nehmen zu. Disruptive Technologien sind auf dem Vormarsch mit enormen Auswirkungen auf Produktivität, Arbeitsmarkt und die Stabilität von Institutionen.

Viele dieser globalen Fragen benötigen globale Antworten, aber der Spielraum der transnationalen, internationalen oder multinationalen Lösungen wird immer kleiner. Die zunehmende Fragmentierung der Gesellschaften, verstärkter Nationalismus und ungeeignete institutionelle Rahmenbedingungen hemmen die Entscheidungsfähigkeit internationaler Organisationen, sei es der WHO, der WTO, der UNO oder auch der EU, in der das Einstimmigkeitsprinzip zu einer Lähmung in entscheidenden Fragen führt. Es gibt eben keine »Weltregierung«, die Lösungen für alles ersinnen und verbindliche Regeln für alle festlegen kann.

Europa hat es besonders schwer

Europas Position in der Weltordnung ist eine taumelnde. Der »alte« Kontinent wird wirklich immer älter, und weder in wirtschaftlichen Fragen noch in Bezug auf Technologieführerschaft, den Zugang zu Rohstoffen oder militärische Kapazitäten haben wir die Nase vorn. Die letzten Jahrzehnte profitierten wir von einer Friedensdividende, die wir dank des militärischen Schutzes der USA und des Zusammenbruchs des sowjetischen Reiches einstreifen und in Bildung, Gesundheit und soziale Sicherheit investieren konnten. Aus Russland bezog Europa billiges Gas, die Globalisierung ermöglichte die Auslagerung von Produktion nach Asien. Europa ist in Sicherheitsfragen abhängig von den USA, in Energiefragen abhängig von Russland und in Lieferkettenfragen abhängig von China. So hätte man das Bild noch vor einiger Zeit zusammenfassen können.

Der Anteil der EU-Staaten am weltweiten BIP schrumpft. Unter den umsatzstärksten Unternehmen der Welt finden sich immer weniger deutsche, britische oder französische Unternehmen. Unter den Top Ten ist mit Volkswagen gar nur ein europäisches Unternehmen.[58] Der Brexit hat nicht nur das Vereinigte Königreich, sondern auch die EU stark geschwächt. Innerhalb der EU nehmen nationalistische Strömungen zu. Der Integrationsmotor ist ins Stocken geraten.

Die USA, aber auch China erhöhen den wirtschaftlichen Druck auf Europa, sei es durch eine zunehmend protektionistische Politik der Förderung der Produktion im Inland oder mittels staatlicher Intervention bei ausländischen Investitionen wie in China. Dabei geht es auch oft um Technologieführerschaft. China, die USA oder auch Indien haben verstanden, dass geopolitische Macht vor allem im direkten Zugang zu neuen Technologien besteht und damit Souveränität sowie letztlich Wachstum und Wohlstand bedeutet. Sei es Halbleitertechnologie, 5G, Quantencomputer oder KI: Erst langsam wacht die EU auf und definiert strategische Autonomie auch in Technologiefragen.

Auch wenn Europa immer noch angesehen wird als jener Teil der Welt mit der höchsten Lebensqualität, dem besten »way of life« mit liberaler Demokratie und ökosozialer Marktwirtschaft: Wir dürfen uns nicht zurücklehnen. China, die USA und bald auch Indien hängen Europa wirtschaftlich ab. Die Inflation in Europa ist hoch, das Wachstum gering. Von Technologieführerschaft ist Europa in vielen Bereichen meilenweit entfernt und die Stärkung der nationalen Verteidigungsbudgets wird die Staatsfinanzen in zusätzliche Schwierigkeiten bringen. Die EU muss aufwachen und Wettbewerbsfähigkeit, Strategiefähigkeit und Autonomie stärken.

Europa muss sich besinnen und von einer taumelnden Position wieder zu einem selbstbewussten Akteur werden. Das bedeutet auch, eine strategisch eigenständige Rolle in einer neuen geopolitischen Weltordnung zu finden, die mit dem Krieg in der Ukraine, der zunehmenden Vormacht

Chinas, dem neuen Selbstbewusstsein Indiens und dem Verlust der amerikanischen Führerschaft in der Weltordnung schon längst über uns hereingebrochen ist.

Chinas Hunger nach Weltmacht

China hat in den letzten Jahrzehnten einen beispiellosen Aufstieg erlebt. Angetrieben vom Prinzip der Reform- und Öffnungspolitik hat China zunehmend aggressiv seine Stellung in der Welt vorangetrieben. Vertreter Chinas machen kein Hehl aus ihren Ansprüchen einer Vormachtstellung. China will bis 2050 zur sozialistischen Weltmacht werden und es verfolgt sein Ziel mit einem entschlossenen Masterplan.

Mit seiner neuen Seidenstraßeninitiative hat China seine wirtschaftliche und infrastrukturelle Vernetzung mit Asien, Europa und Afrika weiterentwickelt – mit China in der Mitte. In den Schwellenländern wurde China zum größten Darlehensgeber, die Abhängigkeit Europas von China und chinesischen Rohstoffen ist massiv gestiegen.

Das wird vor allem auch zur Sicherheitsfrage: Über lange Zeit war Europa sehr naiv, was den Einkauf Chinas im Bereich kritischer Infrastruktur in Europa wie 5G, Häfen, Industrieanlagen, Kraftwerke oder Netzbetreiber anging. Mit dem Ausfall von chinesischen Lieferketten während der Pandemie, aber vor allem durch den Krieg Russlands in der Ukraine hat sich das Bewusstsein europäischer Politikerinnen und Politiker aber nun verändert. Russland ist auf längere Sicht kein verlässlicher Partner mehr. Aber auch die aggressiven, hegemonialen Bestrebungen einer globalen Vorherrschaft Chinas, das immer autoritärer geworden ist, treiben europäischen Sicherheits- und Wirtschaftspolitikern die Sorgenfalten auf die Stirn.

EU-Kommissionspräsidentin Ursula von der Leyen hat anlässlich einer Rede im März 2023[59] erstmals klar angesprochen, dass die Ankündigung von Präsident Xi, die stärkste Weltmacht werden zu wollen, ernst zu nehmen ist, ja mit Sorge gesehen werden muss. Chinas strategischer Fokus sei nun gänzlich darauf gerichtet, Sicherheit und Kontrolle zu stärken und die restliche Welt in weitere Abhängigkeit von China zu bringen. Das Ziel der kommunistischen Partei Chinas sei eine systematische Veränderung der internationalen Ordnung mit China im Zentrum. Die Antwort darauf, so von der Leyen, müsse die Stärkung der internationalen Ordnung und der Diplomatie sowie eine Strategie zur Verringerung wirtschaftlicher Risiken sein. Sie sprach von »de-risking but not de-coupling«, also Risiken minimieren und Abhängigkeiten reduzieren, aber keine völlige wirtschaftliche Entkopplung. Sie sagte konkret: »Ich glaube, es ist weder machbar noch im Interesse Europas, sich von China zu entkoppeln. Unsere Beziehungen sind nicht schwarz-weiß, und unsere Reaktion darf es auch nicht sein. Aus diesem Grund müssen wir uns darauf konzentrieren, das Risiko zu verringern, anstatt uns zu entkoppeln.«

Im Kern geht es um die Stärkung der europäischen Wirtschaft und Industrien in den Bereichen Gesundheit sowie digitaler und sauberer Technologien, in denen Europa eine Vorreiterrolle einnehmen soll. Handel mit Indien und generell mit den Ländern des globalen Südens müsste gestärkt, Hochtechnologiebereiche und für militärische oder nachrichtendienstliche Zwecke verwendbare kritische Technologien müssten geschützt werden. Die EU-Kommissionspräsidentin kündigte eine wirtschaftliche Sicherheitsstrategie noch im Jahr 2023 an.

Es ist zu begrüßen, dass die EU wirtschaftlich wie sicherheitspolitisch zu einer klaren China-Strategie findet. Zu lange gab es keinerlei geopolitische oder gar technologische

Diplomatie in der EU. Hoch an der Zeit, dass die EU mit einer gemeinsamen Sprache spricht. Die im Herbst 2023 erzielte Einigung zu kritischen Rohstoffen[60], die ganz im Sinne eines »de-risking« eine stärkere Unabhängigkeit der EU sichern soll, ist genau so ein richtiger Schritt in die Richtung, weniger durch China erpressbar zu sein.[61]

Zweifelsohne ist das politische Modell, das China weltweit zur Vorherrschaft führen möchte, keine Demokratie. Der wirtschaftliche Erfolg Chinas lässt aber so manchen Bewunderer zum Schluss kommen, Autoritarismus sei effektiver und effizienter. Zu viel Mitbestimmung sei ein Problem. Sie übersehen dabei aber, dass die wirtschaftliche Grundlage Chinas letztlich der westliche Konsum ist und auch China schneller alt als reich wird.

Autoritarismus auf dem Vormarsch?

Demokratien weltweit geraten unter Druck. Der Vormarsch des Modells der liberalen Demokratie ist gestoppt. 2022 lebten 72 Prozent der Weltbevölkerung in Autokratien, das sind 5,7 Milliarden Menschen. Das Demokratieniveau, das der globale Bürger durchschnittlich genießen kann, ist 2022 auf das Niveau von 1986 gesunken. Die Welt hat mehr geschlossene Autokratien als liberale Demokratien – zum ersten Mal seit Jahrzehnten. Faktoren wie Meinungsfreiheit oder die Qualität von Wahlen verschlechterten sich, Regierungszensur von Medien und staatlicher Druck auf zivilgesellschaftliche Institutionen nahmen zu. Und auch das globale wirtschaftliche Machtgefüge verschiebt sich: Autokratien machen nun 46 Prozent des BIP aus. Weiters neigt sich das globale Handelsmachtgleichgewicht zugunsten von Autokratien. Der Anteil des Welthandels zwischen Demokratien ist von 74 Prozent im Jahr 1998 auf 47 Prozent im Jahr 2022 gesunken. Autokratien sind immer weniger von Demokratien abhängig, umgekehrt hat sich die Abhängigkeit in den letzten 30 Jahren jedoch verdoppelt.[62]

Es gibt also zahlreiche Belege dafür, dass Autoritarismus auf dem Vormarsch ist und unsere liberalen Demokratien des Westens auf dem Prüfstand stehen. In vielen Staaten werden autoritäre Strömungen von einer neuen Rechten getrieben, die auf Nationalismus, Tribalismus, wirtschaftlichen Protektionismus, eine »illiberale Demokratie« und das Ende einer offenen Gesellschaft setzt. Ihre Methoden sind wie beschrieben: Fake News und das Hochpeitschen von Emotionen mittels sozialer Medien. Ihre Angriffsziele sind oftmals die demokratischen Institutionen an sich.

Aber auch Kommunisten gewinnen wieder Wahlen in Österreich, und zwar unter ebendiesem Namen und damit einer Ideologie, die Millionen Tote auf dem Gewissen hat. Mit im Programm: die Enteignung privater Wohnbauträger, weichgespült im Programm mit der Einschränkung auf die Enteignung »großer Immobilienkonzerne«, sowie ein strammer Anti-EU Kurs, weichgespült mit dem Hinweis auf die »neoliberalen Regierungen« in der EU. Radikale Klimaaktivisten wie der deutsche Professor Helge Peukert[63] postulieren, die »letzte Generation« müsse wesentlich radikaler werden. Er fordert die maximale Begrenzung von Einkommen, eine gesetzliche Begrenzung auf einen Hin- und Rückflug pro Person und Jahr, eine Begrenzung der maximalen Quadratmeteranzahl für die eigenen Wohnbedürfnisse oder auch eine maximale Quote für Fleisch- und Wurstwaren pro Person. Wie vorne beschrieben denkt so mancher auch darüber nach, die Demokratie »temporär« auszusetzen. Das ist nicht nur autoritär, sondern nah am Totalitarismus. Wie ebenfalls bereits skizziert sind auch »Wokismus« und linke Identitätspolitik in den Methoden illiberal und autoritär.

Mit geht es hier aber nicht um eine Symmetrisierung von Rechts- und Linksextremismus, schon gar keine zwanghafte, wie Habermas das bezeichnete.[64] Um es deutlich zu formulieren: Die Gefahr für die pluralistische, liberale Demokratie und die internationale oder supranationale Ordnung geht derzeit klar von den Rechtsextremen, Rechtspopulisten und Nationalisten aus.

Aber linke wie rechte Extreme treffen sich im Kern oft in ihren illiberalen Haltungen. Wir brauchen also insgesamt ein wesentlich stärkeres Bewusstsein, dass unsere Freiheit, unsere Liberalität und damit auch die offene Gesellschaft mal direkter, mal indirekter und verborgener in Frage gestellt und angegriffen werden. Dabei geht es nicht nur um die wesentlichen Grundlagen für ein friedliches Zusammenleben, sondern auch um die Grundlage unseres Wohlstands: Wettbewerb und Marktwirtschaft.

Die Hand reichen können sich die Extreme von links und rechts jedenfalls bei der Frage des Ukraine-Kriegs. Sowohl die deutsche Linke, Sahra Wagenknecht, die KPÖ, als auch die AfD oder FPÖ sind geeint darin, sich oft unter dem Deckmantel von Neutralität und Pazifismus, aus antiamerikanischen Ressentiments heraus auf die Seite Russlands zu schlagen.

In der Ukraine wird eine neue Weltordnung mitentschieden

Im Februar 2022 ging plötzlich ganz schnell, was Expertinnen, Politiker, Diplomatinnen und die Weltöffentlichkeit zunächst für unmöglich hielten. Wladimir Putin begann einen menschenverachtenden Krieg, der das Ziel hat, die

Eigenstaatlichkeit der Ukraine auszulöschen. Mit diesem Krieg, einem brutalen Angriffskrieg, hat Putin völkerrechtliche Verträge vom Tisch gewischt – und damit auch die Vorherrschaft von Recht gegenüber Gewalt.

Nur sehr vereinfachend stellt sich seit dem 24. Februar 2022 die Frage von Krieg und Frieden. In Wahrheit hat dieser Krieg eine Bedeutung weit darüber hinaus für die freie, westlich-demokratische Ordnung und die weltweite Sicherheits- und Friedensordnung.

Bereits im Jänner 2022 brachten wir NEOS die Gefahr eines bevorstehenden Angriffskriegs Putins gegen die Ukraine auf die Tagesordnung des österreichischen Parlaments. Wir warnten vor einem Angriff und forderten, dass Österreich und die EU geschlossen klar machen sollten, dass ein Angriff auf die Ukraine eine rote Linie wäre. Als Beispiel nannten wir ein klares Nein zu North Stream 2 für den Fall eines Angriffs.

Spätestens am 21. Februar 2022, drei Tage vor der Invasion, wurde klar, dass Putin mit militärischen Mitteln versuchen würde, die Ukraine in die Knie zu zwingen. In einer Rede sprach Putin der Ukraine das Recht auf Eigenstaatlichkeit ab und beschwor seine Pläne von Großrussland, das weite Teile der Ukraine umfassen sollte. Am 22. Februar warnte ich in einer Pressekonferenz erneut vor einem bevorstehenden Krieg und sagte, dass sich Österreich in dieser Frage nicht neutral, gemeint war natürlich politisch neutral, verhalten dürfe. Am 23. Februar nachmittags traf ich den ukrainischen Botschafter und wir sprachen über die Sorge der Ukraine vor einem bevorstehenden Angriff. Die Stimmung war höchst angespannt.

In der Nacht zum 24. Februar schlief ich auf einem Schlafsofa im Zimmer meiner ältesten Tochter. Um kurz nach sechs Uhr weckte mich ein Anruf von Kanzler Karl Nehammer, der mir mitteilte, dass die Russen in der Ukraine einmarschiert seien, und zwar in großem Ausmaß. Ich war erschüttert. Meine älteste Tochter war von dem Telefonat geweckt worden und fragte mich, was passiert sei. Meine Antwort bedaure ich heute noch massiv. Ich sagte: »Es gibt wieder Krieg in Europa.« Schon während ich das aussprach, geißelte ich mich für meine völlig unsensible Äußerung meinem Kind gegenüber. Am Nachmittag nach der Schule führten wir ein langes Telefonat, in dem ich mich für meine drastische Wortwahl entschuldigte. Ich erinnere mich noch gut, dass meine Tochter fragte: »Aber warum hilft denn der Ukraine keiner?« Seitdem haben wir in vielen gemeinsamen Stunden über den Krieg und die bewusste Zurückhaltung der NATO gesprochen. Niemand in Europa hat ein Interesse an einer Ausweitung des Krieges.

Aber: Der Krieg muss auch uns etwas angehen. In der Ukraine wird nicht nur um die territoriale Souveränität der Ukraine selbst gekämpft, sondern darum, in welcher Welt wir alle zukünftig leben wollen. Die Rückkehr zu einer internationalen Friedensordnung auf Basis von Verträgen und nicht Bomben ist insbesondere für ein kleines Land wie Österreich von enormer sicherheitspolitischer Bedeutung. In den internationalen Organisationen haben wir ebenso Sitz und Stimme wie größere Staaten. Wir haben also deutlich mehr Gewicht, als es unserer Größe und ganz klar auch unseren militärischen Fähigkeiten entsprechen würde. Man stelle sich vor, alle diese Institutionen, UNO, OSZE, EU, zählten nicht mehr. Wir hätten keine Chance, unsere Interessen durchzusetzen. All denen, die meinen, Österreich würde in der EU seine Souveränität und Autonomie verlieren, möchte ich die Frage stellen, ob ein auf sich allein gestelltes Österreich mehr faktische Souveränität und Autonomie hätte. Die Antwort ist klar: Nein!

Dass der Überfall auf die Ukraine am 24. Februar 2022 ein Wendepunkt in der Haltung des Westens zu Russland war, ist gut. Dass es nicht schon davor die illegale Annexion der Krim 2014, die Besetzung der Regionen des Donbass oder der Krieg in Georgien waren, die klar zeigten, wie groß der imperialistische Hunger Russlands ist, ist eine Schande für die EU und ganz besonders auch für Österreich.

Kurz nach der Annexion empfing der damalige österreichische Bundespräsident Heinz Fischer Putin mit vollen Ehren in Österreich. In der Wirtschaftskammer wurde Putin mit Standing Ovations begrüßt und durfte dort über die Ukraine und die »gute Diktatur« witzeln. Das Gaspipeline-Projekt Nord Stream 2 wurde auch von Österreich munter vorangetrieben, obwohl klar war, dass damit die Abhängigkeit Europas von Russland und damit unsere Erpressbarkeit steigen würde. 2018 wurde ein verlängerter Vertrag zwischen der OMV und Gazprom für Gasliefervertäge bis 2040 samt einer »take or pay«-Klausel unterzeichnet. Neben dem Russlandfreund und damaligen OMV-CEO Rainer Seele und dem CEO von Gazprom, Alexey Miller, waren auch Putin und der damalige österreichische Kanzler Sebastian Kurz bei der Vertragsunterzeichnung sichtlich stolz anwesend.

Immerhin hat aber Österreich im letzten Jahr sämtliche Sanktionen der EU gegen Russland mitgetragen und sich damit zu einer klaren politischen Verurteilung des Krieges durchgerungen. Österreichs Regierung zieht dabei jedoch die Grenzen einer Unterstützung der Ukraine politisch recht willkürlich. Mit Verweis auf die Neutralität beteiligt man sich zwar an Sanktionen und humanitären Hilfslieferungen, finanziert auch indirekt Waffenlieferungen mit, liefert aber selbst keine letalen Waffen in die Ukraine bzw. zieht die rote Linie bei der Unterstützung ukrainischer Soldaten. So werden Verwundete versorgt bzw. in Österreich medizinisch betreut, aber nur, wenn es sich um eindeutige Zivilpersonen handelt. Das peinliche »Herumgeeiere« rund um die Unterstützung bei humanitären Entminungen legt schonungslos offen, wie schwer sich die österreichische Regierung tut, den Spagat zwischen Unterstützung und Raushalten mit Verweis auf die Neutralität zu schaffen. Er gelingt nicht.

Und so ist es kein Wunder, dass der »Economist« Österreich auf Platz zwei der Staaten nannte, die er als »Putin's useful idiots«, also »nützliche Idioten Putins« bezeichnete.

Während die Hilfe für die Ukraine als Nicht-NATO-Mitgliedsland gerade einmal das Minimum darstellte, florieren weiter die wirtschaftlichen Beziehungen zu Russland, im Besonderen über Banken wie die Raiffeisenbank oder die Gaslieferung an die OMV.[65]

Meine Reise nach Kiew

Jeder Staat hat das Recht, sich selbst gegen einen bewaffneten Angriff zu verteidigen. Die Ukraine tut dies und verteidigt ihre territoriale Integrität sowie das Leben ihrer Bürgerinnen und Bürger. Der Angriff Russlands auf die Ukraine erfüllt in vollem Umfang das im Römer Statut des Internationalen Strafgerichtshof (ICC) niedergeschriebene »Verbrechen der Aggression«[66]. In dieser Frage kann der ICC allerdings nicht tätig werden, da Russland ihn nicht anerkennt. Wohl aber kann der ICC Kriegsverbrechen und Verbrechen gegen die Menschlichkeit ahnden. Ein Haftbefehl gegen Putin ist auch schon ergangen. Grund für den Haftbefehl sind die selbst von Russland zugegebenen Deportationen von Kindern aus der Ukraine nach Russland, um sie zum Teil in Umerziehungslager zu stecken. Wie viele Kinder deportiert wurden, ist unklar, Berichte gehen von mehreren Tausend Kindern aus. Die Organisation für Sicherheit und Zusammenarbeit in Europa (OSZE) kommt daher zum Schluss, dass Verbrechen gegen die Menschlichkeit begangen wurden.[67]

Angesichts der Bombardierungen von zivilen Einrichtungen, von Schulen und Spitälern, der Zerstörung des Kachowka-Staudamms, der Ermordung, Vergewaltigung und Deportation von Zivilpersonen, der Berichte von Folter und Plünderungen stelle ich wiederholt die Frage: Welches Kriegsverbrechen wurde von Putins Russland in der Ukraine eigentlich nicht begangen? Sowohl die UNO als auch die OSZE sind dabei, allen Fällen nachzugehen und diese aufzuarbeiten.

Ich war selbst im Juni 2022 in der Ukraine und habe die Vororte von Kiew besucht, die nach Beginn des Überfalls auf die Ukraine rund einen Monat lang dem Terror der russischen Soldaten ausgesetzt waren. In Butscha, Irpin und Borodjanka konnte man die Spuren der Verwüstung, des Beschusses von zivilen Häusern und auch die Massengräber noch sehen. Butscha war kurz nach der Invasion am 24. Februar 2022 von russischen Einheiten besetzt und erst Anfang April von ukrainischen Kämpfern befreit worden. Die Zivilbevölkerung, die nicht mehr aus Butscha hatte fliehen können, war dem Terror der russischen Truppen ausgeliefert. Wasser und Strom waren ab Anfang März abgeschaltet. Hunderte Zivilpersonen wurden gefoltert und getötet, selbst Kinder und Jugendliche. Auch Fälle von Vergewaltigungen und Tötungen von Frauen sind dokumentiert. Die Leichen wurden einfach auf der Straße liegen gelassen. Darauf deuten Satellitenbilder hin, die Butscha noch unter russischer Besatzung und auf der Straße liegende Leichen zeigen – genau dort, wo sie nach dem Abzug der Russen gefunden wurden. Rund um die St. Andreas Kirche in Butscha war in dem gefrorenen Boden ein Massengrab ausgehoben und die Leichen bestattet worden. Im Rahmen einer Untersuchung exhumierte man später mehr als 400 Tote und dokumentierte jeden einzelnen Fall. Als der Vizebürgermeister von Butscha uns von den Geschehnissen erzählte, brach dem Übersetzer die Stimme. Er weinte bitterlich und konnte nicht mehr weiterreden. Die Gräuel, der Schmerz und Verlust sind unfassbar, nicht nur in Butscha, in vielen anderen Städten genauso. Wir müssen nur an die mutmaßlichen Kriegsverbrechen in Mariupol denken. Die einst blühende Großstadt ist nach wochenlangem Beschuss wohl völlig zerstört. Viele Menschen – laut OSZE-Bericht[68] bis zu 1300 – hatten im Theater von Mariupol Zuflucht gesucht. Ein großer Schriftzug auf dem Vorplatz des Theaters hatte auf die Zivilisten, darunter unzählige Kinder, aufmerksam gemacht. Es half nichts. Das Theater wurde von einem russischen Bomber anvisiert und zerbombt. Wie viele Menschen starben, ist nach wie vor unbekannt, 300 Tote wurden bestätigt.

Bei meinem Besuch in Kiew war ich auch am Maidan. Auf dem Platz, wo der Kampf der Ukraine für einen Weg nach Europa blutig begonnen hat. Zwischen November 2013 und Februar 2014 versammelten sich dort hunderttausende Menschen, um gegen die von der Regierung von Viktor Janukowitsch geplante Blockade des Assoziierungsabkommens mit der EU zu demonstrieren. Mehr als hundert Tote forderten die Proteste, Russen und Ukrainer machten einander (und die Russen die USA) für die Toten verantwortlich. Klar ist aber, dass mit den Protesten am Maidan die Entscheidung der Ukrainerinnen und Ukrainer gefallen ist, die Nabelschnur zum Kreml zu kappen und sich in Richtung Europa zu bewegen. In Richtung Demokratie und Freiheit, weg vom russischen Einfluss. Faktum ist auch, dass Putin danach mit dem Überfall und der Annexion der Krim seinen Einflussbereich gegen alles Recht mit Gewalt sichern wollte. Nichts schadet der russischen Propaganda mehr als das erfolgreiche Gegenmodell in der Nachbarschaft.

Im Juni 2022 durfte ich dann auch dabei sein, als die europäische Flagge feierlich in den Sitzungssaal des ukrainischen Parlaments, der Werchowna Rada, gebracht wurde. Die EU hatte zuvor der Ukraine den Status eines Beitrittskandidaten gewährt. Ein historischer Moment also, der mich tief bewegt hat. Ja, der Weg in die EU ist ein langer und unsicherer. Immerhin befindet sich das Land im Krieg und sehr viele Hausaufgaben – von Korruption bis zur Unabhängigkeit der Medien und Justiz – müssen gemacht werden. Aber in diesem Moment war das spürbar, was uns allen bisweilen verloren gegangen ist: Hoffnung. Es ist ein großes und mächtiges Versprechen Europas, das wir geben und immer wieder erneuern müssen: ein Versprechen des Friedens, der Freiheit, der Demokratie, der offenen Gesellschaft und des Wohlstands.

Über Falken und Tauben

Jeder hat die Sehnsucht nach Frieden. Die Waffen nieder, sie sollen schweigen. Aber aus dem Wunsch entspringt noch kein Sein. Der Krieg tobt, und wer ernsthaft Frieden möchte, sollte sich nicht in Appellen ergehen, die sich bizarrerweise immer fast ausschließlich an den Westen oder die Ukraine richten und im Kern wohl nur einen Effekt hätten: die Kapitulation der Ukraine.

Frieden kann es sofort geben, wenn Putin seinen mörderischen Krieg abbricht, die Ukraine in ihrer Souveränität anerkennt, Europa die Garantie gibt, dass es keine weiteren Aggressionskriege gegen souveräne Staaten geben wird, und sich wieder zur multilateralen Friedensordnung der UNO bekennt. Der Grundsatz gilt weiterhin: Hört Russland auf zu kämpfen, gibt es keinen Krieg mehr. Hört aber die Ukraine auf zu kämpfen, gibt es keine Ukraine mehr.

Wie schon erwähnt ist es nicht klug, die Frage der Unterstützung der Ukraine zu einer (rein) moralischen Frage zu machen. Unsere eigenen Sicherheits- und Stabilitätsinteressen stehen auf dem Spiel. Bisweilen sollten wir Diktatoren wie Putin besser zuhören, denn sie sagen sehr konkret, was sie wollen. Mit keinem Wort hat der Kreml oder seine Propagandisten im russischen Fernsehen der Ukraine ein grundsätzliches Recht auf Eigenstaatlichkeit zuerkannt. Das Ziel bleibt, diesen historischen »Fehler« der Ukraine ein für alle Mal auszubessern. Gleichzeitig gibt es auch klare Drohungen gegenüber anderen europäischen Staaten. Die baltischen Staaten werden ebenfalls als Teil des russischen Imperiums betrachtet, und so manch einer von Putins Scharfmachern träumt im russischen Fernsehen gar von einem »neutralen« austro-hungarischen Reich mit Österreich, Ungarn, der Slowakei, Serbien und Polen unter dem Schutz stationierter russischer Truppen als Pufferzone gegen den Westen.

Solange eine Staatsmacht in aggressiver Weise zur rücksichtslosen Vernichtung anderer Staaten bereit ist, solange kann es keine Garantie auf dauerhaften Frieden und Sicherheit geben. So sind auch Zurufe nach »diplomatischer« Lösung einzuordnen, wie sie bedauerlicherweise nicht nur von der FPÖ, sondern auch von der außen- und sicherheitspolitisch völlig irrlichternden Sozialdemokratie (auch der Großteil der SPÖ-Abgeordneten blieb, wie die gesamte FPÖ, der Ansprache Selenskyjs im Nationalrat fern) in Österreich befeuert werden. Diplomatie und Gesprächskanäle muss es immer geben – auch wenn gleichzeitig Kampfhandlungen stattfinden. Wenn Diplomatie aber mehr als eine reine Nebelgranate oder ein Propagandainstrument sein soll, dann muss sie dauerhafte Ergebnisse liefern.

Das heißt, dass Russland so weit geschwächt werden muss, dass der Preis einer Fortsetzung von bewaffneter Aggression höher ist als der, sich zu einer stabilen Friedens- und Vertragslösung zu bekennen.

Die Frage der Unterstützung der Ukraine mit Geld und Waffen ist im Westen jedoch zum politischen Gezerre geworden. Kriegsmüdigkeit macht sich breit und wohl aus gewisser Saturiertheit heraus drängen manche auf einen Stopp der Unterstützung und rasche Verhandlungen. Dabei muss klar sein: Diese Haltung nützt am meisten Putins Russland und anderen autoritären Staaten wie China, die ebenfalls »Hunger« auf territoriale Aneignungen haben und zum Einsatz militärischer Mittel bereit sind.

Das Ende des Krieges wird jedenfalls durch Verträge markiert sein, die eine hoffentlich dauerhafte Friedenslösung vorsehen und der Ukraine ihr Recht auf Souveränität und Selbstbestimmung garantieren. Dazu wird die Ukraine Sicherheitsgarantien brauchen, die den Preis eines weiteren Angriffskriegs für Russland in die Höhe treiben. NATO und G7 haben diesbezüglich Überlegungen und Gespräche begonnen. Sogar der Ende 2023 verstorbene Henry Kissinger plädierte zuletzt für einen NATO-Beitritt der Ukraine.[69]

Das zu sagen, bringt mir zahllose Mails, Briefe, Posts in den sozialen Medien ein, die mich als Kriegstreiberin bezeichnen. »Kriegshetzerin«, »NATO-Beate«, »Nazi«, die bitte als Erste an die Front sollte, am besten gleich den Mann und die Kinder schnappen und persönlich Minen räumen, in manchen Nachrichten mit der Aufforderung, den »Senilo aus der Hofburg« gleich mitzunehmen. Der Ton ist rau geworden, die Grenzen des von Politikern Sagbaren wurden verschoben. Herbert Kickl selbst hat Bundespräsident Alexander Van der Bellen als »Mumie in der Hofburg«[70] bezeichnet, als er ihn für seine Aussagen zum Ukraine-Krieg kritisierte.

Es ist eine völlige Verdrehung der Tatsachen, dass mir und denen, die klar auf Seiten der Ukraine und des humanitären Völkerrechts stehen, abgesprochen wird, für Frieden einzutreten. Es wird das Bild gezeichnet: Da stehen die Falken in Opposition zu den Friedenstauben. Das Gegenteil ist der Fall. Ich bin Mutter dreier Kinder mit dem großen Glück, in einem Land und in einer Zeit geboren zu sein, die es mir ermöglicht haben, in Frieden und Freiheit zu leben. Ich möchte meine Kinder schützen, diese Freiheit und diesen Frieden für sie bewahren. Ich bin den »Falken« der Vergangenheit dankbar, dass sie unter Einsatz ihres Lebens, und auch viel zu oft unter Verlust desselben, Österreich und Europa von der Naziherrschaft befreit und uns dieses Leben ermöglicht haben. Europas wie Österreichs Sicherheit steht auf dem Spiel, wenn sich Putin militärisch durchsetzt. Dem Recht von Verträgen muss wieder Vorrangstellung gegenüber dem Recht des Stärkeren eingeräumt werden. Oder anders: Wir wollen einen Frieden, der uns in Europa garantiert, dass sich das Volk seine Regierung wählt und nicht die Regierung ihr Volk.

Wer nicht sieht, welch enorm destabilisierendes Potenzial ein russischer Sieg in der Ukraine für uns in Österreich und in Europa haben kann, ist entweder naiv oder fährt eine eigene prorussische, antiliberale Agenda.

Beim Treffen zwischen Wladimir Putin und Nordkoreas Diktator Kim Jong-un sagte Letzterer, dass er überzeugt sei, Putin werde einen großen Sieg gegen das »angesammelte Böse«, also gegen den Westen, erringen. Das Feindbild ist also zurück in der Politik, wie auch die deutsche Publizistin Constanze Stelzenmüller in einem Essay argumentiert.[71] Das Feindbild Russlands und Nordkoreas: Das sind die USA und der vereinte liberale Westen.

Österreich: Angegriffen und ungeschützt

Österreich ist schon lange nicht mehr unbeteiligt in der Frage des Neoimperialismus Russlands. Wir werden angegriffen in der Frage, wie wir leben wollen. Es wird versucht, unsere Demokratie zu destabilisieren.

Seit Jahren wissen wir von Cyberangriffen und Desinformationskampagnen, gespickt mit nationalistischen Fake News und Gewaltaufrufen. Die Einmischung des Kremls und des russischen Geheimdienstes in unsere eigenen souveränen Angelegenheiten in Europa ist mittlerweile nicht nur bekannt, sondern sattsam bewiesen, wie ich schon weiter vorne beschrieben habe. Ob es die Unterstützung der Brexit-Kampagne war oder der Versuch, die

Präsidentschaftswahlen in Frankreich und in den USA zu beeinflussen. Und mittlerweile setzt Russland auch Migrationswellen als Waffe gegen Europa ein, etwa in Polen, Finnland oder auch in Mitteleuropa.[72]

Seit dem Beginn des russischen Angriffskriegs in der Ukraine würden vermehrt auch Cyberangriffe in Österreich von Seiten staatlicher russischer Akteure verzeichnet – so lapidar die Antwort des Innenministeriums auf eine Anfrage der APA.

2020 wurden die IT-Systeme des Außenministeriums Ziel eines wochenlang andauernden Cyberangriffs. Bereits kurz nach Entdeckung des Angriffs war von einem staatlichen Akteur die Rede. Hinweise deuteten bald auf eine russische Hackergruppe mit Namen »Turla«, die als »Giftiger Bär« bezeichnet wird.[73] Auch wenn offizielle Stellen dies niemals weder bestätigten noch dementierten: »Russland ist in unseren Netzen!«, warnen Cyberspezialisten aus Europa vehement seit einigen Jahren. Dies bestätigen auch die »Vulkan-Files«[74], die – aufgedeckt durch ein internationales Recherche-Konsortium – zum Schluss kommen, dass eine russische Tarnfirma im Auftrag des russischen Verteidigungsministeriums und der russischen Geheimdienste im großangelegten Stil Infrastruktur für Cyberangriffe und Desinformationskampagnen bereitstellte. Die Fähigkeiten und Möglichkeiten dieser Infrastruktur sollten so weit gehen, dass Hacker Züge entgleisen lassen oder großflächig Stromnetze lahmlegen könnten. So gelang es der berüchtigten russischen Geheimdienst-Hackergruppe »Sandworm« vor Weihnachten 2015 und 2016 das ukrainische Stromnetz lahmzulegen.[75] Die Liste der Angriffe und Ziele ist so lang wie bedrohlich. Die Enttarnung der Machenschaften Russlands durch einen Whistleblower umso wichtiger.

Dass österreichische Institutionen und Unternehmen ausreichend geschützt sind, darf bezweifelt werden.[76] Und Österreich steckt auch den Kopf in den Sand, was russische Spionagetätigkeit auf österreichischem Boden betrifft.

Das neutrale Österreich scheint nämlich ein idealer Nährboden für Nachrichtendienste, Agenten und Spione zu
sein. Die Realität ist jedoch weit weniger romantisch, als
Filme wie »Der dritte Mann« in Österreich-Nostalgie ver-
muten lassen. Es geht um Leben oder Tod. So verließ der
Aufdecker-Journalist Christo Grozev seine Wahlheimat
Wien aufgrund von Warnungen seiner Quellen zu russischen Geheimdiensten, dass sein Leben in Wien nicht
sicher sei. Grozev hatte gemeinsam mit Alexej Nawalny
den russischen Geheimdienst FSB als Urheber des Gift-
mordanschlags auf Nawalny selbst aufgedeckt. »Ich ver-
mute, dass es in der Stadt (in Wien, Anm. d. Autorin) mehr
russische Agenten, Spitzel und Handlanger gibt als Poli-
zisten«, sagte Grozev gegenüber dem »Falter«.[77] Zwanzig
Jahre lang war Wien Grozevs Heimat. Doch hier gibt es nun
zu wenig Schutz.

Mitten in Wien dürfte Russland auf den Dächern
eines russischen Botschaftsgebäudes eine der größten
Satelliten-Spionageanlagen Europas aufgestellt haben.[78]
Über diese Satelliten zapft Russland westliche Daten-
ströme an. Ähnliche Satelliten-Anlagen zur Spionage wurden bereits in Belgien und den Niederlanden gefunden
und ausgeschaltet, das zur Wartung notwendige techni-
sche Personal wurde des Landes verwiesen. Nicht so in
Österreich.

Neutralität sollte keinesfalls bedeuten, »blind« zu sein
gegenüber der Tatsache, dass wir selbst angegriffen werden, dass unsere Demokratien unterwandert und destabi-
lisiert werden sollen, ja dass wir es selbst sind in unserer
Art zu leben, mit unserer offenen Gesellschaft, die Putin
als Feindbilder sieht. Vielmehr muss Österreich aufwachen
und in seine Wehrhaftigkeit investieren. Neutralität allein
schützt uns nicht und falsch verstandene Neutralität ist ein
enormes Sicherheitsrisiko.

Deshalb lohnt es sich genau hinzuschauen, wenn Parteien und Gruppen, allen voran die FPÖ, nicht müde werden, ein Ende der Russland-Sanktionen zu fordern. Dass

sie dies mit der Neutralität begründen, ist Betrug. Neutralität bedeutet nämlich keinesfalls, indifferent oder gar äquidistant gegenüber einem brutalen Angriffskrieg und einem Völkerrechtsbruch zu sein. Es ist vielmehr Tarnung klar pro-russischer Interessen. Putin prangert schließlich alles an, wogegen die FPÖ sowie verbündete Rechtsradikale und Rechtspopulisten in Europa kämpfen: offene Gesellschaft, liberale Demokratie, Meinungs- und Pressefreiheit.

Schon lange sind der Kreml und die FPÖ wie viele rechtsradikale Parteien in Europa eng verbunden. Mit System, mit Plan und mit einem gemeinsamen Feind: den Liberalen.

Russland und die FPÖ

Seit Jahren liegt also Liebe in der Luft zwischen dem Kreml und europäischen Parteien der extremen Rechten. So gibt es beste und enge Beziehungen zwischen dem Kreml und europäischen Parteien und Politikern, wie in Italien Matteo Salvini (Lega Nord), in Frankreich Marine Le Pen (Front National, mittlerweile Rassemblement National), in Deutschland (AfD) und in Österreich (FPÖ). Das Ziel dieser systematischen gegenseitigen Unterstützung scheint dabei die dezidierte Förderung einer nationalistischen und europafeindlichen Haltung zu sein. In Österreich ist die FPÖ bekanntermaßen über einen Freundschaftsvertrag mit dem strategischen Partner der Putin-Partei Jedinaja Rossija (»Einiges Russland«) verbunden. Neben besten persönlichen Kontakten der FPÖ-Führung zu Vertretern von Einiges Russland bestehen auch gute Kontakte zu ausgewiesenen russischen Ultra-Nationalisten. Die systematische Unterstützung zeigt sich etwa auch daran, dass Vertreter der FPÖ, der AfD und der Lega Nord regelmäßig an »Wahlbeobachtungsmissionen« in Russland und auf der Krim teilgenommen haben und zu zahlreichen Konferenzen eingeladen waren, um Pro-Kreml- und Anti-EU-Positionen zu vertreten. Zuletzt wurden durch die so genannten »Moskau-Mails« auch Gerüchte rund um finanzielle »Honorarleistungen« an Vertreter der FPÖ für ihre Teilnahme am Yalta-Forum auf der Krim laut. So finden sich in den Mails Listen mit Namen, darunter der FPÖ-Abgeordnete Axel Kassegger, neben denen ein Honorar von 4000 Euro vermerkt ist.[79]

Die österreichische FPÖ-Außenministerin Karin Kneissl zeigte ein besonders Kreml-freundliches Gesicht: Man erinnert sich mit Scham an das Tänzchen mit Putin samt Knicks bei Kneissls Hochzeit. In ihre Amtszeit fiel auch die Weigerung Österreichs, im Gleichklang mit anderen EU-Staaten russische Diplomaten auszuweisen als Reaktion auf die Skripal-Affäre (Der ehemalige Oberst des Militärgeheimdiensts GRU war als Überläufer für den britischen MI6 tätig gewesen. Er wurde enttarnt, verhaftet und verurteilt, später im Rahmen eines Agentenaustauschs freigelassen. Er lebte fortan in Salisbury, England, wo er 2018 Opfer eines Giftanschlags mit dem Nervengift Nowitschok wurde), oder die grundsätzliche Offenheit Österreichs, Sanktionen gegen Russland abzubauen, ohne dafür eine Gegenleistung zu fordern. Karin Kneissl ist mittlerweile nach St. Petersburg gezogen, weil das Leben dort sinngemäß freier und besser sei …

Diese direkte Verbindung zwischen Vertretern der FPÖ als damaligen Regierungspartei und der russischen Regierung sowie die Hausdurchsuchung und Auflösung des Bundesamts für Verfassungsschutz und Terrorismusbekämpfung (BVT) sorgten auch dafür, dass Österreich im europäischen Informationsaustausch auf Nachrichtendienstebene abgeschnitten wurde. Österreich sei nicht vertrauensvoll, man könne eben nicht ausschließen, dass

Informationen an Russland weitergereicht würden, so die Begründung damals.

Am 16. Mai 2019, just einen Tag vor dem Platzen der Ibiza-Video-Bombe, wollte ich in einer Dringlichen Anfrage[80] an den damaligen Bundeskanzler Kurz wissen, ob Österreich etwas gegen drohende Desinformationskampagnen im Vorfeld der EU-Wahl unternehme. In dieser Anfrage listete ich die systematischen Beziehungen der FPÖ zum Kreml auf und stellte auch die Frage, ob unsere Parteienfinanzierungsgesetze in Österreich und unsere Kontrollmechanismen scharf genug seien, um eine Finanzierung aus Russland zugunsten der FPÖ zu verhindern. Im FPÖ-Sektor war es bemerkenswert still und der damalige Klubobmann der FPÖ Johann Gudenus blieb der Debatte fern. Einen Tag später wurde das Ibiza-Video öffentlich, und selbst wenn dort keine wirkliche russische Oligarchennichte mit dem damaligen FPÖ-Chef Strache verhandelte: Ich hatte den Punkt doch recht akkurat getroffen und wusste nun, warum Gudenus gefehlt hatte.

Und auch seit dem Beginn der russischen Invasion der Ukraine bleibt die FPÖ ihrem Bündnispartner im Kreml treu. Unter Missbrauch des Begriffs der Neutralität macht sie sich für ein Ende der Sanktionen und für eine »Verhandlungslösung« im Krieg stark. In Wahrheit hat die FPÖ seit 2014 die territorialen Ansprüche Russlands in der Ukraine stets unterstützt. Mit dieser Einstellung vollzog sie auch eine 180-Grad-Wende: Noch vor 25 Jahren beantragte die FPÖ den Beitritt Österreichs zur NATO und erklärte die Neutralität für überholt. Nun aber seien EU und NATO die Kriegstreiber. Unerklärbar bleibt, wie die Haltung der De-facto-Unterstützung einer verbrecherischen Diktatur wie Putins Russland mit dem Begriff »Freiheitlich« im Namen der FPÖ zusammengehen soll …

Autoritarismus unter der Flagge der Freiheit?

Aufgrund der engen Beziehungen der FPÖ zum Kreml war es wenig überraschend, dass bei den wöchentlichen Demonstrationen gegen die Corona-Maßnahmen nach dem 24. Februar 2022 schon bald immer mehr russische Flaggen zu sehen waren. »Neutralität« wurde zur Kampfparole, aus den Corona-Demos wurde ein Häufchen »Patriotinnen und Patrioten«, die gegen die »Kriegstreiber in Brüssel« wetterten.[81]

Ausgerechnet die, die sich Freiheit auf die Fahnen hefteten und von Corona-Diktatur schwafelten, nehmen sich eine Diktatur wie Putins Russland (und übrigens auch Viktor Orbán, den Posterboy aller illiberalen Autoritaristen) als Vorbild?

Ich kenne nicht wenige Menschen, die von der Kritik an den Corona-Maßnahmen nahezu nahtlos zum Protest gegen die NATO, die USA und die angebliche Kriegstreiberei des Westens übergegangen sind. Sachliche und differenzierte Diskussionen sind dabei sehr schwer. Die Bruchlinien verlaufen zum Teil in Familien und Partnerschaften, und wechselseitig wirft man einander Propaganda vor.

Doch überzeugend sind die Argumente der vorgeblichen Neutralitätsbewahrer nicht: Weder kann das Argument der angeblich aggressiven NATO überzeugen, gegen die sich Putin nun eben wehren müsse, noch das Argument, die USA hätten selbst illegale Kriege geführt. Ich habe den Irak-Krieg immer verurteilt und halte es für eine demokratische Errungenschaft, dass die Vortäuschung angeblicher Massenvernichtungswaffen als Kriegsgrund in den USA wie auch weltweit öffentlich breit diskutiert und aufgearbeitet wurde. Viele Seiten haben diesen Krieg als völkerrechtswidrig eingestuft. Aber das Fehlverhalten der

USA kann doch nicht als Persilschein für Putin herhalten! Ein Rechtsbruch legitimiert nicht den nächsten. Schon gar nicht kann das Argument des Messens mit zweierlei Maß auf dem Rücken der Ukraine ausgetragen werden.

Und doch wird der Geist dieser Argumente täglich millionenfach verbreitet und geteilt. Vorzugsweise von Parteien der extremen Rechten und der extremen Linken (samt ein paar Anti-USA-Nostalgikern in der SPÖ).

Während die Linke ihren Standpunkt von einer nostalgischen Anti-USA-Haltung aus Sowjetzeiten herleitet, eint die Rechte und Russland der Kampf gegen alles »Liberale« im »dekadenten« Westen. Die Beziehungen zwischen den Parteien der extremen Rechten wie der FPÖ in Europa und dem Kreml sind eben nicht bloß nützlich für beide Seiten. Sie teilen gemeinsame Werte, allen voran einen starken Antiamerikanismus und einen starken Nationalismus. Dazu kommt ein gemeinsamer Kampf für reaktionäre Werte und gegen die offene Gesellschaft, etwa die Rechte von Schwulen und Lesben. Den europäischen Nationalisten sind die EU und der Euro ein Dorn im Auge, am liebsten würde man das Friedensprojekt EU auf eine maximal rein wirtschaftliche Kooperation zusammenstutzen. Das käme Putin nur sehr gelegen. Je schwächer die EU, desto besser.

Wie vorne beschrieben ist hier der Begriff der Neutralität nichts anderes als ein Deckmantel für Propaganda für eine kremlnahe nationalistische Politik. Eine Kampfansage gegen liberale Demokratie, universelle Menschenrechte, eine internationale Staatengemeinschaft, die EU und eine offene Gesellschaft samt Meinungsfreiheit, wenn es nicht die »richtige« Meinung ist, und Pressefreiheit, wenn es nicht die »richtige« Presse ist.

Das für mich Bemerkenswerte bei diesen Pro-Russland-Demonstrationen war, dass dabei die Teilnehmerinnen und Teilnehmer genau jene Freiheiten nutzen, die unsere liberale Demokratie mit dem Recht auf Meinungsfreiheit und Versammlungsfreiheit bietet, um für ein Regime einzutreten, das ebendiese Rechte mit Füßen tritt.

In einem Land zu leben, das sämtliche demokratische Freiheiten bietet, ist ein Privileg. Diesem Privileg sollten sich alle verpflichtet fühlen. Demokratie lebt von ständiger Verteidigung demokratischer Institutionen und bürgerlicher Rechte. Deshalb dürfen wir den Autoritären nicht die Straßen und die Deutungshoheit über Begriffe wie »Freiheit« und »Patriotismus« überlassen. Demokratie muss wehrhaft sein.

Was will die FPÖ?

Diese Frage ist weniger leicht zu beantworten, als es den Anschein hat. Sicher, die FPÖ ist eine rechtspopulistische und in Teilen rechtsextreme Partei, die kein Hehl daraus macht, die EU nicht nur in Frage zu stellen, sondern das gesamte europäische Einigungsprojekt prinzipiell anzuzweifeln. Die Nähe zum Kreml wurde nicht nur aktiv gesucht, sondern in der Ukraine-Frage mehrfach aktiv unter Beweis gestellt. Die FPÖ stellt sich damit gegen die Mehrheitsmeinung innerhalb der EU in der Frage der Unterstützung der Ukraine und baut auf die Kriegsmüdigkeit der Bevölkerung. »Dagegen« zu sein scheint das Hauptprogramm geworden zu sein. Am liebsten gegen die gegeißelte »Einheitspartei« der anderen Parteien, wie sie es ausdrückt. So zu tun, als gäbe es nur eine Alternative gegen den Meinungsmainstream, nämlich die FPÖ selbst, gehört zum populistischen Werkzeugkasten. Zweifelsohne hat die FPÖ ein Gespür für Themen, die potenziell die Gesellschaft spalten, und fährt mit einer klaren Positionierung hinein. Dabei zeigt sie bisweilen einen langen Atem und nimmt Widersprüche zu früher in Kauf. Wie wenig diese auffallen, überrascht mich immer wieder. So konnte es ihr mit Lockdowns und Impfen ursprünglich nicht schnell genug gehen, bis sie sich – getragen von einer weltweiten Wissenschafts- und Elitenskepsis – auf sicherem Terrain fühlte und den Geist gab, der stets verneinte.

Antisemitismus in den eigenen Reihen kann sie nicht verleugnen, auch wenn die FPÖ-Führung versucht, gegen dieses Bild zu arbeiten. Insbesondere während der blauen Regierungsbeteiligung unter Kurz wollte man die Fehler Jörg Haiders aus der Vergangenheit nicht wiederholen. Zu den Identitären besteht eine offene Nähe, die von Parteichef Hofer gezogene Linie der Abgrenzung wurde von Kickl wieder verwischt.

Trat die FPÖ noch unter Haider gegen den Proporzstaat auf und propagierte den dritten Weg zwischen schwarzem institutionellem Zwang und linken kulturellen Hegemoniebestrebungen, hat sie es sich nun bequem eingerichtet in den Proporz-Regierungen der Länder und nimmt selbst nichtamtsführende Stadtratsposten oder Vizebürgermeisterposten dankbar an. Auch im ORF zeigte sie unter Vorsitz des FPÖ-Stiftungsrats Norbert Steger einen bequemen Hang zum Opportunismus der Macht: Eine Gremienreform zu pushen und den ORF parteiunabhängiger zu machen – das käme der FPÖ nur in den Sinn, wenn es andere Parteien wären, die über Gremien wie den Stiftungsrat den ORF kontrollieren könnten und wollten.

Ihr Gesellschaftsbild ist retro-konservativ: Kleine Kinder gehören zu den Müttern. Am liebsten würde die FPÖ die gesellschaftspolitischen Errungenschaften der 1968er ungeschehen machen, deshalb wurde linker »Wokismus« und linke Identitätspolitik zum idealen Reibebaum und zur kulturellen Kampfzone.

Vertrat die FPÖ früher immer wieder liberale wirtschaftspolitische Standpunkte, sucht man diese unter dem Vorsitz Herbert Kickls mit der Lupe. Im Kampf gegen Inflation und Wettbewerbsnachteile nimmt staatlicher Interventionismus für die FPÖ etwa über direkte Preiseingriffe eine starke Rolle ein. In wirtschaftspolitischen Fragen fährt die FPÖ einen nicht nachvollziehbaren Zick-Zack-Kurs, der nur deshalb in der öffentlichen Diskussion verschont bleibt, weil kaum ein Medium sich die Mühe macht, neben der Empörung über plakatives Getöse eine rote (bzw. blaue) Linie nachzuvollziehen.

Klar ist aber, dass Länder wie Ungarn mit Viktor Orbán für die FPÖ ein antiliberales Vorbild schlechthin sind. Bewundert wird Orbán dafür, wie er den »linken Meinungsmainstream« unter Kontrolle gebracht hat und gegen Oppositionelle und Linke im eigenen Land vorgeht. »Links« ist hier eindeutig gesellschaftspolitisch gemeint: Es geht gegen die offene Gesellschaft, die Rechte von Schwulen und Lesben, gegen Freigeister, die unabhängige Wissenschaft und freie Medien.

Apropos Medien: Herkömmliche Medien braucht die FPÖ nicht mehr. Mit ihren eigenen Kanälen via Youtube, Facebook, Telegram und Co kann sie wesentlich effektiver ihre Propaganda hinausblasen. Mit ihrer Nähe zu hart rechten bis rechtsextremen Medien wie »Wochenblick«, »Info-Direkt« oder auch dem Verschwörungssender »Auf1«, dessen Chefredakteur und Betreiber selbst aus der rechtsextremen Szene kommt, schafft die FPÖ eine große Reichweite. Es hilft auch, dass sie schon früh auf eigene Medien wie »unzensuriert« gesetzt hat, die schon titelgebend klar machen sollen, dass alle etablierten Medien »Fake News« verbreiteten oder eben nicht die volle Wahrheit sagten. Dass gerade »unzensuriert« es mit der Wahrheit nicht genau nimmt und unzählige medienrechtliche Verfahren, unter anderem auch gegen mich, verloren hat, steht selbstverständlich auf einem anderen Blatt. Das »Narrativ« ist gefunden: »Die da oben wollen euch bewusst falsch informieren und wir erzählen euch die einzige Wahrheit.« Dass hierzu auch die krudesten wissenschaftsfeindlichen, antidemokratischen, antisemitischen und antiliberalen Verschwörungen zählen, versteht sich von selbst: Der Garten der FPÖ ist groß und selbst die exotischsten Pflanzen können darin blühen.

Bleibt der Kampf gegen Migration, der in Europa deshalb zunehmend an Boden verliert, weil nicht einmal mehr die Grünen für offene Grenzen eintreten. Schon lange besteht Einigkeit, dass der Zustrom irregulärer Migrantinnen und Migranten nach Europa gestoppt werden müsse. Es scheitert nicht am »Was«, sondern am »Wie«. In der Frage der praktischen Umsetzung hat auch die FPÖ in Regierungsbeteiligung außer plakativem »Taferltausch« von »Erstaufnahmezentrum« zu »Abschiebezentrum« keine Rezepte liefern können. Bisweilen liebäugeln deshalb Teile der FPÖ mit rechtsextremen Positionen wie der massenhaften Deportation von Ausländern und Migrantinnen selbst mit deutschem Pass, wie dies unter dem Schlagwort »Remigration« jüngst vom österreichischen Identitären-Führer Martin Sellner und Vertreterinnen und Vertretern der AfD diskutiert wurde.[82] Ein »Masterplan«, der vor allem eines bedeuten würde: einen Rechtsbruch mit den Grundsätzen der Europäischen Menschenrechtskonvention.

Was also kann uns unter einem Bundeskanzler Kickl erwarten? Nun, zunächst jedenfalls der Zug in Richtung Autoritarismus verdeckt vom Label der »Volkskanzlerschaft«. Stimmungen sind schnell geschürt und kritisch nachfragen kann ohnehin niemand, weil man sich der »Systempresse« verweigert. Die Festung Österreich würde sich schnell als isoliertes Örtchen entpuppen, in dem wir weder geschützt noch frei sind. Eines wären wir aber mit Sicherheit: ärmer. Denn der Wohlstand Österreichs entstand nicht innerhalb von dunklen Festungsmauern, sondern durch wirtschaftliche und politische Verflochtenheit darüber hinaus.

Aber wofür tritt die FPÖ ein? Was ist ihre positive Vision? Was ihr Versprechen?

Das Bild bleibt mehr als vage. Es ist letztlich ein Bild, das, wenn nicht geschichtlich die Monstrosität populistischer Dynamiken nur allzu präsent wäre, an Banalität und Ideenarmut kaum zu überbieten wäre. Geradezu banal nimmt es sich an, was da bisweilen in die Menge geschrien wird.

Gendern verbieten? Schnitzelprämien? Rechtsanspruch auf Kinderbetreuung verhindern, weil dies Kinder der Nestwärme der Mütter entreißen würde? Welches Problem löst die FPÖ mit solchen Positionen?

Eine ausgestreckte Hand zur Kooperation sucht man vergeblich. Im Gegenteil: Waren Kickls Reden vor einiger Zeit noch durchaus von Witz und Geist durchzogen, sind sie zunehmend eine hysterische Aneinanderreihung von bösartigen Unterstellungen, Verschwörungen und Abwertungen der politischen Mitbewerber. Die Sprache wird radikaler und unbarmherziger. Mit wem will die FPÖ also regieren? Mit der in ihren Augen durch und durch korrupten ÖVP? Mit der aus ihrem Blickwinkel marxistisch-ideologisch-versifften SPÖ?

Möglicherweise liegt da des Pudels Kern: Die FPÖ will vielleicht gar nicht regieren, zumindest nicht mit einem Koalitionspartner, mit dem man Kompromisse finden muss und der einen dabei »aufblatteln« kann, weil die FPÖ den Versuchungen der Macht noch jedes Mal erlegen ist. Sie kann nicht regieren, sie ist nicht fähig, dauerhaft mit nötigen Kompromissen erfolgreich zu sein. Stattdessen baut sie weiter darauf, dass die Zeiten schwierig bleiben, dass Misstrauen weiter gesät wird und sie sich als Opfer darstellen kann. Vom Bundespräsidenten und den anderen »Einheitsparteien« ausgegrenzt. Und dann geht sie in die Vollen: die nächste Bundespräsidentenwahl und die darauffolgende Nationalratswahl. Das sind natürlich reine Gedankenspiele, die mit der durchaus möglichen und wahrscheinlichen Bereitschaft der ÖVP (wenn nicht sogar auch SPÖ), mit der FPÖ im Sinne von »Stabilität« zu regieren, zunichte gemacht werden können.

Und so sollte man darauf gefasst sein, dass es harte Zeiten für Pressefreiheit und unabhängige Justiz werden könnten. Denn unabhängige Kontrollinstanzen sind noch allen Populisten ein Dorn im Auge gewesen. So könnte es auch rasch zu einem demokratischen Kipppunkt und einem Kipppunkt in der EU kommen. Ungarn, die Slowakei, die Niederlande, Serbien: Wenn Rechtspopulisten immer mehr europäische Regierungen führen, dann könnte der Zerfall des vereinten Europas und die Hinwendung zu Russland bald Realität werden. Ein Referendum ist schnell angesetzt und wie schon beschrieben, geht die Liberalität in Demokratien zwar nicht von heute auf morgen verloren, steter Tropfen höhlt aber den Stein. Und so wird es mir immer ein Rätsel bleiben, dass ausgerechnet jene Menschen, die vor einer »Corona-Diktatur« gewarnt haben, den Autoritarismus bei der FPÖ nicht erkennen oder erkennen wollen.

Corona

Der Ausbruch der Corona-Pandemie war ein Wendepunkt, ein »Schwarzer Schwan«, also ein Ereignis, das unerwartet und plötzlich eintritt und massive Folgen hat. Ob der Ausbruch einer Pandemie tatsächlich nicht erwartbar war, sei jedoch angezweifelt.

Jedenfalls aber war die Zeit einschneidend. Auch für mich persönlich. Die Sorge um meine Eltern und Schwiegereltern war da und vor allem zu Beginn sehr groß. Mit drei kleinen Kindern in einen Lockdown zu gehen und daneben nicht zu knapp in der Arbeit gefordert zu sein, war hart. Für meinen Mann und mich war die Zeit wie für tausende Familien in Österreich keine leichte. Meine Töchter waren in der ersten Klasse Gymnasium, in der zweiten Klasse Volksschule und die dritte lernte im ersten Lockdown gehen und feierte ihren ersten Geburtstag.

Die Pandemie war eine einzige große Überforderung. Persönlich, in den Familien und Berufsleben, aber auch politisch. Vorbereitet war Österreich schlecht. Das Epidemiegesetz war entsetzlich veraltet, trotz mehrfacher Warnungen vor Epidemien in Risikoanalysen wurden selbst bei der Evaluierung des Epidemieplans 2012 keine Anpassungen vorgenommen. Österreich taumelte ohne entsprechenden Plan und vor allem ohne institutionelle Zuständigkeiten und Verantwortungen in die Pandemie.

Es wäre jedoch hier zu einfach, mit dem Finger auf die Regierung zu zeigen und zu sagen: »Das hättet ihr wissen müssen!« So hat es meiner Ansicht nach auch wenig Sinn, die ersten Maßnahmen zu kritisieren. In Wahrheit wussten wir alle nichts. Der FPÖ konnte es mit dem ersten Lockdown schließlich auch nicht schnell genug gehen und sie drängte geradezu auf ein tatkräftiges Handeln der Regierung. Kickl rief gar zum ersten Lockdown in Österreich auf,[83] seine Parteikollegin Dagmar Belakowitsch forderte das Tragen von Grippeschutzmasken, das vermehrte Testen und das Sperren von Pflegeheimen für Besuche.[84]

Von Anfang an hat die Regierung nicht auf Eigenverantwortung und das aktive Mittun der Bevölkerung auf Augenhöhe mit den Bürgerinnen und Bürgern gesetzt, sondern auf eine Top-Down-Kommunikation in der Art eines strengen Großvaters mit dem Enkelkind. Es ging um Verbote und Strafen, die Rhetorik war martialisch (der damalige Innenminister und jetzige Kanzler Nehammer sprach von der Polizei als »Flex«, die Infektionsketten durchtrennen würde). Dennoch kann man der Regierung die gute Absicht nicht absprechen. Eine gute Absicht ändert allerdings nichts daran, dass die rechtlichen Vorgaben, die Kommunikation und die Maßnahmen auch sauber ausgeführt werden müssen. In Bezug auf die Regulierungen waren aber mehr als nur ein paar wenige legistische Defizite zu beobachten. Wenn Verordnungen derart mangelhaft sind, dass der Verfassungsgerichtshof einiges aufgehoben hat, dann muss man ganz prinzipiell die Qualitätsfrage stellen für die Zukunft.

Niemals fand eine grundsätzliche Diskussion über die Strategie statt, samt der wesentlichen Frage »Was ist das Ziel?«. Relativ bald war nämlich klar, dass das Virus nicht verschwinden würde, sondern dass wir vielmehr einen Weg finden müssten, wie wir mit dem Virus, jedenfalls bis zur Impfung, leben würden. Das ist umso relevanter, als Expertenrunden und Corona-Taskforces oftmals nur die epidemiologische Entwicklung im Blick hatten. Politik kann aber Entscheidungen nicht an Expertinnen oder Experten auslagern und eine eindimensionale Betrachtung ist fatal. Es geht also immer um ein Abwägen, im Idealfall um die Schaffung einer Balance. Wenn aus epidemiologischen Gründen möglichst jede Infektion verhindert werden soll, kann das dennoch enorme negative gesundheitliche Auswirkungen haben. Kann man es älteren Menschen wirklich zumuten, keinen Besuch im Pflegeheim zu bekommen? Können Schülerinnen und Schüler ohne psychische Beeinträchtigungen tatsächlich so lange von Gleichaltrigen ferngehalten werden? Was bedeutet das radikale Runterfahren der Wirtschaft in weiterer Folge sozial und gesundheitlich? Unser Ansatz war von Anfang an, in der Pandemie eine Balance zu finden zwischen dem gesundheitspolitischen Ziel, Ansteckungen und Todesfälle zu vermeiden, der gesellschaftlichen und psychologischen Tangente, den Zusammenhalt auch sozial zu sichern, und dem Ziel, die wirtschaftlichen Schäden zu minimieren.

So war ich eine der Ersten, die massiv gegen Schulschließungen argumentierte. Mein Einwurf, dass Baumärkte bereits wieder geöffnet waren, Schulen aber nicht, wurde mit dem Argument der volkswirtschaftlichen Relevanz vom Tisch gewischt. »Homeschooling funktioniert sehr gut. Das macht meine Frau wunderbar!«, hielt ÖVP-Klubobmann August Wöginger in einer Diskussion meiner Kritik entgegen. Das traf mich besonders, denn das war die Realität. In den meisten Fällen waren es die Mütter, die sich um Homeschooling kümmerten. Oftmals auch neben einem Job. Wie kann es sein, dass wir diskussionslos Frauen wieder die Hauptverantwortung fürs Private übertrugen und sie damit auch ein gerüttelt Maß ins Private und raus aus der Öffentlichkeit schoben?

Diese Haltung gegen Schulschließungen, die wir dann selbst in Wien mittragen mussten, bringt mir bis heute, vor allem bei ansteigenden Infektionszahlen, böse Kommentare ein. »Die Haltung von Beate: Komm, wir töten Oma!«, warf mir jemand auf Twitter entgegen. Gleichzeitig unterstützten wir alle Maßnahmen zur Durchimpfung der Bevölkerung, was mir bei zunehmend aufgeheizter Stimmung sogar Drohbriefe einbrachte.

Mit zunehmendem Lauf der Pandemie geriet die parteipolitische Profilierung in den Vordergrund. Ganz besonders stark schließlich beim Thema »Impfen«. Noch im Frühjahr 2021 drängte die FPÖ auf die Beschaffung von russischem »Sputnik«-Impfstoff,[85] der in der EU noch nicht ausreichend geprüft und deshalb nicht zugelassen war. Bemerkenswert, wenn man bedenkt, dass sie später die Impfung als »Versuche am Menschen« ohne ausreichende wissenschaftliche Basis bezeichnete. Das Impfen wurde wie so vieles zum Glaubens- und Kulturkampf. Ich hätte es wissen müssen. Einige Jahre zuvor, als ich in der Wiener Gemeindepolitik tätig war, gab es Nachrichten über an Masern gestorbene Säuglinge in anderen europäischen Ländern. Auch in Österreich ist die Durchimpfungsrate bei Masern mittlerweile viel zu niedrig, um Herdenschutz zu gewährleisten. Ich griff das in einem Interview auf und schlug verpflichtende Impfnachweise für öffentliche Schulen in Wien vor. Kurz darauf fuhr ich mit der Straßenbahn und ein Mann kam auf mich zu. Er fragte, ob ich Beate Meinl-Reisinger sei, und als ich bejahte, schrie er mich an, dass ich Auschwitz wieder haben wolle. »Sie wollen Kindern Giftspritzen setzen!« Ich war damals geschockt. Heute prasseln derartige Kommentare täglich zu Dutzenden auf mich ein.

Die Agitation der FPÖ gegen die Corona-Impfung begann im Sommer 2021 und war ein wesentlicher Teil des Problems. Weit bevor eine Impfpflicht auch nur diskutiert wurde, nutzte die FPÖ die enorme Reichweite der Partei und deren Politiker in den sozialen Medien, um gegen die

Impfung aufzurufen. Eines der Argumente: Sie hielt nicht, was sie versprochen hatte. Eine Immunität war nicht gegeben und die Übertragung der Krankheit wurde auch nicht in dem Ausmaß eingeschränkt, wie sich das viele erhofft hatten. Das war tatsächlich enttäuschend, aber aus dieser Enttäuschung ein globales Komplott verschworener »Eliten« zu konstruieren, ist gelinde gesagt niederträchtig.

Im Frühherbst 2021 stiegen mit der schweren Delta-Welle wieder die Infektionen und auch die Todesfälle dramatisch. Das Gesundheitssystem war deutlich überlastet, und dringend nötige Operationen oder auch Behandlungen mussten verschoben werden. Mit dramatischen Auswirkungen. Dabei gab es deutlich höhere Zahlen von Infektionen und vor allem schweren Verläufen bei ungeimpften Personen als bei geimpften.

Im Oktober desselben Jahres wurde die österreichische Bundesregierung durch die Hausdurchsuchungen in Kanzleramt und ÖVP-Zentrale schwer erschüttert. Sebastian Kurz trat als Kanzler zurück und Alexander Schallenberg übernahm. Diese »Führungslosigkeit« und die zunehmende Unzufriedenheit vor allem der Geimpften hatte Folgen: Im November 2021 beschloss die Bundesregierung den umstrittenen Lockdown für Ungeimpfte, den wir NEOS scharf kritisierten und auch nicht mittrugen. Nur eine Woche später wurde ein erneuter Lockdown für alle verhängt. Gleichzeitig kündigte die Regierung eine Impfpflicht an.

Die Frage der Impfpflicht war eine der schwersten Entscheidungen, die wir jemals zu treffen hatten. Rein grundsätzlich war klar, dass es niemals einen Impfzwang in Österreich geben würde. Niemand wäre gegen seinen Willen geimpft worden, auch wenn das bis heute noch von manchen so dargestellt wird.

Wir NEOS erklärten in einer Abwägung zwischen der Freiheit des Einzelnen und der Freiheit der anderen, prinzipiell gesprächs- und verhandlungsbereit zu sein. Über den Jahreswechsel löste die Omikron-Variante die vorherrschende Delta-Variante ab und vieles deutete darauf hin, dass Omikron zu einer höheren Übertragbarkeit, also leichteren Ansteckungen auch von geimpften Personen, aber zu leichteren Verläufen führen würde.

Ich äußerte daher auch wiederholt in Verhandlungsrunden und in persönlichen Gesprächen mit Gesundheitsminister Wolfgang Mückstein, Verfassungsministerin Karoline Edtstadler und Bundeskanzler Nehammer meine Bedenken, dass eine generelle Impfpflicht mit der neuen Variante obsolet werden würde. Die Regierung wollte jedoch nicht davon abrücken und so verhandelten wir Ausnahmen in das Gesetz, insbesondere die Ausnahme von Kindern und Jugendlichen. Wesentlich war es für uns auch zu verankern, dass die Impfpflicht erst dann wirklich »scharf gestellt« werden sollte, wenn dies aufgrund einer möglichen neuen Variante erforderlich werden würde. Es war also eine legistische Vorsichtsmaßnahme für den Fall, dass sich eine neue aggressivere Variante entwickeln würde.

Bei NEOS war die Abstimmung freigegeben – es bestand also kein Klubzwang, wie das die anderen Parteien selbst bei höchst strittigen ethischen Fragen handhaben. So stimmten auch einige Abgeordnete gegen die Maßnahme, was ich vollends verstehen kann.

War die Impfpflicht ein Fehler? Rückblickend vor allem im »Wie« mit Sicherheit. Die Regierung hatte sich selbst für die Entscheidung ein fixes Datum gesetzt. Man hätte aber durchaus noch zuwarten können. Gleichzeitig mit dem Beschluss der Impfpflicht fielen praktisch alle Maßnahmen, die Impfpflicht wurde zunächst in Kraft gesetzt und nicht einmal einen Monat später wieder ausgesetzt. All das trug nicht zum Vertrauen der Bevölkerung in die Regierung und in die von ihr gesetzten Maßnahmen bei. Im Juli schließlich wurde die Impfpflicht wieder ganz abgeschafft. Auch in Deutschland wurde eine Impfpflicht diskutiert, allerdings von Anfang an dem Parlament zur Verhandlung gegeben. Dadurch war nichts vorbestimmt. Keine Regierung hatte sich zuvor hingestellt und angekündigt, dass es eine Impfpflicht geben würde. Die Verhandlungen im Bundestag führten schließlich zu einem Gesetzesentwurf, der mehrheitlich abgelehnt wurde.

Letztlich muss jede und jeder Abgeordnete das eigene Gewissen bei solchen Entscheidungen prüfen. Das hatte ich getan und die Entscheidung getroffen, auch wenn ich stark zweifelte, dass die Impfpflicht jemals scharf gestellt werden würde. Der Verfassungsgerichtshof hat sich mit der Impfpflicht auseinandergesetzt und sie grundsätzlich für verfassungskonform befunden. Für die Zukunft und zur Stärkung des Vertraucns dcr Menschen in gesetzte Maßnahmen wäre es aber meines Erachtens dringend nötig, Eilverfahren nach deutschem Vorbild einzuführen, sodass Gesetze deutlich rascher vom Verfassungsgerichtshof geprüft werden können und zeitnah Klarheit über die Frage der Verfassungskonformität herrscht.

Ich habe zuvor vom Autoritarismus unter der Flagge der Freiheit geschrieben und möchte nun noch auf den gerade in der Corona-Zeit oft bemühten Freiheitsbegriff eingehen. Dieser wurde nämlich von so manchem grundlegend falsch verstanden. Freiheit bedeutet genau nicht, dass ich tun und lassen kann, was ich will. Freiheit geht immer auch mit der moralischen Verpflichtung einher, sich der Verantwortung für andere, für die Freiheit des anderen zu stellen. Es ist kindisch, im Freiheitsbegriff die Möglichkeit zur Rücksichtslosigkeit zu sehen, zu Ende gedacht landet man nämlich schnell bei der Willkür.

Was ich bedaure, ist, dass auch ich in die Polarisierung rund ums Thema Impfen eingestiegen bin. Bei einer Pressekonferenz wurde ich gefragt, was ich zur Agitation der FPÖ gegen die Impfung sagen würde. Ich sagte, diese Agitation sei »fetz'ndeppert«. Das war zwar ehrlich, es hätte mir aber bewusst sein müssen, wie die FPÖ das gegen mich benützen würde. Sie verbreitete nämlich, dass ich Ungeimpfte so bezeichnet hätte. Ähnliches passierte im Sommer 2022. Ich wurde in einem Interview zum Thema

Russland und Ukraine gefragt und zu Österreichs Reaktion im Spannungsverhältnis zur Neutralität. Damals hatte der Chef der MFG-Partei in einem Interview gemeint, Neutralität bedeute, dass, wenn Österreich der Ukraine Schutzhelme und Schutzwesten liefere, es die auch Russland liefern müsse. Eine unerträgliche und völlig unzulässige Auslegung der Neutralität. Zu dieser Zeit bekam ich hunderte Schreiben, Nachrichten und Postings, in denen mich Personen oder Bots wegen meiner Haltung zur Unterstützung der Ukraine als Volksverräterin bezeichneten. Ein Begriff, der immer wieder von rechtsextremer Seite vor allem liberalen Politikerinnen entgegengehalten wird, sei es in der Ukraine-Frage, wenn es um den UN-Migrationspakt oder um proeuropäische Äußerungen geht. Und so ließ ich mich hinreißen, wiederum jene Parteien als Volksverräter zu bezeichnen, die sich vor Putins Propagandawagen spannen ließen. Bedauerlicherweise sagte ich an dieser Stelle statt »MFG« einfach nur »Impfgegner«. Ich meinte zwar die Partei, aber die Schneidemaschinen der FPÖ waren in schmutziger US-Wahlkampfmanier schon angeworfen und das Video wurde eifrig geteilt. »Sie bezeichnet Impfgegner als Volksverräter!« Aus dem Kontext gerissen ist das natürlich eine deftige Aussage. Selbstverständlich würde ich niemals Menschen als »fetz'ndeppert« oder Volksverräter bezeichnen. Parteien aber – so dachte ich – müssten das aushalten und auch geradestehen für ihr Tun. Aber das war ein Fehler. 2023 hielt die oben bereits zitierte Constanze Stelzenmüller die »Rede an die Freiheit«[86], die wir alljährlich mit dem NEOS Lab ausrichten. Sie sprach wie erwähnt über die Rückkehr des Feindbildes in der Politik und zitierte Nietzsche: »Wer mit Ungeheuern kämpft, mag zusehen, dass er nicht dabei zum Ungeheuer wird. Und wenn du lange in einen Abgrund blickst, blickt der Abgrund auch in dich hinein.« Das saß, denn ich erkannte: Auch ich war ein wenig zum Ungeheuer geworden.

Und so bleibt von Corona vor allem ein massiver Vertrauensverlust, dem nur durch eine ehrliche und offene

Aufarbeitung begegnet werden kann. Die diesbezügliche Studie der Akademie der Wissenschaften im Auftrag der Regierung ist hier ein wichtiger und richtiger Schritt.[87] Aufarbeitung bedeutet nicht »Abrechnung«, wie dies manche wünschen, und auch keine Selbstanklage. Es geht nicht darum, in bester katholischer Manier »mea culpa« zu rufen oder einen Kotau vor Wissenschaftsfeindlichkeit zu machen. Es geht darum, evidenzbasiert zu lernen und es in Zukunft besser zu machen – und vor allem darauf zu achten, dass der gesellschaftliche Zusammenhalt gewahrt bleibt.

Vertrauensverlust auf Österreichisch

Die Pandemie oder besser die Pandemiepolitik hat das Vertrauen der Österreicherinnen und Österreicher weiter erschüttert. Hatten im Sommer 2020 noch 59 Prozent der Menschen in Österreich Vertrauen in die Regierung, waren es im Frühjahr 2023 nur noch 38 Prozent, und eine klare Mehrheit von 55 Prozent hatte eher kein Vertrauen.[88]

Am Wahltag 2019 kamen die Regierungsparteien ÖVP und Grüne auf zusammen rund 53 Prozent. Laut den »poll of polls«, also der Zusammenfassung sämtlicher verfügbarer Umfragen von Politico, kamen die beiden Parteien Anfang Dezember 2023 nur noch auf 29 Prozent der Wählergunst. Ähnlich verhält es sich mit der Mehrheit von SPÖ und ÖVP, der großen Koalition, die über Jahrzehnte nicht nur das Land regierte, sondern vielmehr unter sich aufgeteilt hatte. Kamen die beiden Parteien Mitte der 70er Jahre noch auf knapp 94 Prozent der Stimmen, waren es Mitte

der 90er Jahre nur noch 66 Prozent. In der letzten Nationalratswahl hätte die Mehrheit der großen Koalition nur noch
59 Prozent betragen und nach den schon zitierten Umfragen im Dezember 2023 kämen beide Parteien auf gerade
einmal 45 Prozent und damit klar nicht mehr zu einer
Mehrheit.[89]

Der Zerfall der ehemaligen Groß- bzw. Volksparteien ist
kein österreichisches Phänomen allein. Zunehmende Individualisierung in der Gesellschaft und das Aufkommen
neuer Parteien oder Bewegungen setzen vielerorts Konservative wie Sozialdemokraten unter Druck. Wobei individuelle nationalstaatliche Gründe vorliegen.

In Österreich haben auch die Korruptionsfälle der vergangenen Jahre tiefe Spuren in der österreichischen Par-
teienlandschaft hinterlassen. Eine Vertrauenskrise war die
Folge, die für die gesamte Politik gilt und alle Parteien und
sämtliche Institutionen unserer Demokratie mitreißt. Im
Nachhall des Ibiza-Videos und der darin geäußerten korrupten Fantasien des damaligen FPÖ-Chefs und bald danach Vizekanzlers Heinz-Christian Strache wurde unser
Land durch eine Reihe von Korruptionsskandalen erschüttert. Diese betrafen vor allem die FPÖ, aber zunehmend
auch die ÖVP. Der Ibiza-Untersuchungsausschuss lief von
Jänner 2020 bis September 2021, brachte viel ans Tageslicht
und die Staatsanwaltschaft begann in zig Fällen zu ermit-
teln. Die Taktik der FPÖ, die ÖVP in den Mittelpunkt des
Untersuchungsausschusses zu stellen, ging auf: Der Fokus
rutschte von der FPÖ zur ÖVP. Die Taktik der ÖVP ging
dann aber ebenso auf: »Flood the zone with shit.« Dieser
Ausdruck stammt vom ehemaligen Chefstrategen Donald
Trumps, Steve Bannon, der mit seinem rechtsradikalen
Medium »Breitbart News« gegen alles Liberale wetterte.
Die Kernaussage: Wenn du Fakten gegen dich hast, wirf mit
Dreck oder verbreite strategisch nötigen Unsinn (SNU)[90],
wie das der ehemalige Kommunikationschef von Sebas-
tian Kurz Gerald Fleischmann ausdrückte. Beschäftige
die Medien mit glitzernden Ankündigungen, polarisiere,

greife die an, die die Fakten verbreiten. Du musst nur von »alternativen Fakten« sprechen und schon hast du wieder ein paar Leute überzeugt, denn du hast ihnen ja oft genug gesagt: »Die Medien lügen«, »Die da oben betrügen euch« oder in der österreichischen Version: »Die roten Netzwerke in der WKStA« (Wirtschafts- und Korruptionsstaatsanwaltschaft) betreiben eine ideologische Treibjagd gegen die ÖVP. Die Justiz wird als Politjustiz dargestellt, die Medien als Lügenpresse, die Opposition als schamlose Lügerinnen und Vaterlandsverräter. Populismus in Reinkultur.

Die ÖVP ging wie ein Elefant durch den Porzellanladen Republik und hatte kein Problem damit, dass vieles zu Bruch ging. Allen voran das Vertrauen der Bürgerinnen und Bürger in die demokratischen Institutionen.

Am Morgen des 6. Oktober 2021 fanden Hausdurchsuchungen der Justiz in der ÖVP-Parteizentrale und im Bundeskanzleramt statt. Die Staatsanwaltschaft ermittelt gegen den damaligen Kanzler Sebastian Kurz und weitere Personen wegen des Verdachts der Untreue, Bestechung und Bestechlichkeit. Es geht um Vorwürfe, dass Umfragen mit Steuergeld beauftragt, frisiert und gegen Inserate in Medien platziert wurden, um so Kurz zum Wahlsieg 2017 zu verhelfen. Als ich die Anordnung zur Hausdurchsuchung durchgelesen hatte, war mir klar: Österreichs Politik kann hier nicht einfach zur Tagesordnung übergehen. Auch wenn die ÖVP monatelang den Spin verbreitet hatte, dass »rote Netzwerke« in der WKStA willkürlich gegen die ÖVP ermitteln würden: Die Anordnung war seitenlang durchargumentiert und unterfüttert und von einem Richter bewilligt worden. Keine Demokratie der Welt kann vom Tisch wischen, dass gegen einen Bundeskanzler ermittelt wird und eine Razzia im Bundeskanzleramt stattfindet. Kurz musste als Kanzler zurücktreten. Der Ruf unseres Landes als gefestigte Demokratie stand einmal mehr auf dem Spiel.

Im Wahljahr 2024 folgen nun zwei weitere Untersuchungsausschüsse. Einer eingesetzt von SPÖ und FPÖ, um der Frage nachzugehen, ob Milliardäre mit Beziehungen zur ÖVP »es sich im Land richten könnten«, und einer der ÖVP, um den »rot-blauen Korruptionssumpf« zu untersuchen. Dabei geht es nicht um Aufklärung oder darum, bessere, saubere Politik zu gewährleisten. Viele Fragen sind ohnehin gerichtsanhängig, die Staatsanwaltschaft ermittelt oder sie sind wie die Inseratenkorruption auch unter SPÖ-Kanzler Werner Faymann sattsam bekannt. Es geht nur darum, den anderen, den »Feind«, mit Dreck zu bewerfen. Auch dies ist nichts anderes als ein Ausdruck von Tribalismus. »Im Extremfall ist der kleine Nachteil, der dem Parteigegner zugefügt wird, weit wichtiger als der massive Schaden, den die Nation oder die eigene Partei erleidet«, schreibt der deutsche Politikwissenschafter Jakob Rösel.[91] Genau das: SPÖ, ÖVP und FPÖ können sich die Hand reichen beim Populismus. Der Schaden, den die Demokratie und das Vertrauen in die Institutionen hierbei erleiden, wird in Kauf genommen, wenn nur dem anderen auch Schaden zugefügt wird.

Eine längst ausstehende Katharsis würde unserem Land aber guttun, denn wie soll das Vertrauen in Politik und Demokratie gestärkt werden, wenn nur allzu oft das Parteibuch mehr zählt als die Leistung?

Parteibuch schlägt Qualität

»Glaub an Österreich«, forderten Karl Nehammer und die ÖVP im Herbst 2023 die Österreicherinnen und Österreicher auf. Dabei vergisst die Volkspartei auf etwas ganz Wesentliches: Immer mehr Menschen in Österreich glauben daran, dass nicht zählt, was sie können, sondern zählt, wen man kennt.

Das liegt nicht allein an der ÖVP. Postenkorruption, in Österreich nachgerade liebevoll »Freunderlwirtschaft« genannt, ist hier Tradition. Kein Wunder in einem Land, das sich zwei Parteien über Jahrzehnte aufgeteilt hatten. Dennoch gewinnt man den Eindruck, dass diese Praxis zunehmend radikaler und schamloser stattfindet.

So beklagt auch der langjährige Sektionschef im Finanzministerium und ehemalige Vorsitzende der Eurogruppe Thomas Wieser, dass die Ministerkabinette »unfassbar groß seien« und eine Art Parallelverwaltung darstellten.[92] Immer mehr wenig qualifizierte Personen würden nach parteipolitischen Präferenzen in Spitzenjobs in der Verwaltung gehoben. Wie ich selbst erlebt habe, ist die Frage »Ist das eine von uns?« zu der alles entscheidenden Frage bei Postenbesetzungen geworden. Diese Praxis, die in den letzten Untersuchungsausschüssen bestätigt wurde, schadet nicht nur der Qualität der Verwaltung massiv. Sie ist auch teuer. Eine parlamentarische Anfrage von NEOS konnte aufzeigen, dass in den vergangenen zehn Jahren 445 neue Leitungspositionen in Ministerien geschaffen wurden. Im Jahr 2024 sollen allein im Bundeskanzleramt zwölf neue Abteilungsleiter- und Gruppenleiterposten geschaffen werden. Kostenpunkt 1,7 Millionen Euro. Durch Umorganisationen werden die, die man nicht für loyal hält, aufs Abstellgleis verschoben und loyale Parteigänger meist direkt aus den Kabinetten in Spitzenfunktionen gehievt.

Tatsächlich ist die Politik hierzulande ein Stück weit zum Selbstbedienungsladen verkommen. Österreich liegt im internationalen Vergleich an der absoluten Spitze beim Thema Parteienförderung. Eine Untersuchung der Uni Oldenburg aus dem Jahr 2004 kam zu dem Ergebnis, dass nur in Japan mehr Geld für Parteien pro Wählerin oder Wähler ausgegeben wird als in Österreich.[93] Im Jahr 2022 erhielten Parteien und Klubs in den Bundesländern und im Bund gemeinsam knapp unfassbare 224 Millionen Euro an Förderungen.[94] Diese Unsumme bedeutet vor allem zwei Dinge: Propaganda rund ums Jahr und die Verhinderung von Wettbewerb. Neue Parteien haben kaum Chance, Fuß zu fassen, konkurrieren sie doch mit Parteien, denen Millionen an Steuergeld zur Verfügung stehen.

Doch damit nicht genug: Über zahllose parteinahe Vereine wird weiteres Geld aus dem Steuertopf angezapft. 2020 geriet der FPÖ-Verein ISP (Institut für Sicherheitspolitik) in die Schlagzeilen, nachdem bekannt geworden war, dass dieser jährlich 200 000 Euro vom Verteidigungsministerium ausbezahlt bekommt. Wie im übrigen auch noch fünf andere Vereine zusammen mit 200 000 Euro dotiert wurden, die entweder der SPÖ oder der ÖVP nahestehen. Laut Ministerium geht es bei diesen Kooperationen darum, Expertise hinzuzukaufen. Die Expertise dieses FPÖ-Thinktanks: Osteuropa, Schwerpunkt Russland, Weißrussland und Moldawien... Das stößt angesichts der Nähe der FPÖ zum Kreml besonders sauer auf.

Viele parteinahe Vereine bedienten sich am „Non Profit Organisationen-Unterstützungsfonds" (kurz NPO-Fonds), einem Fonds, der Ausfälle wegen Corona kompensieren sollte. Besonders dreist: 1,9 Millionen Euro wurden an den ÖVP-nahen Seniorenbund Oberösterreich ausbezahlt – und nach Bekanntwerden der Fördersumme nur »unter Vorbehalt« wieder zurückbezahlt.

Mag sein, dass solche parteinahen Vereine aufrichtigen und hehren Zielen dienen. Dass es allerdings zum Standardvorgehen geworden ist, politisches Handeln von Parteien in Vereine auszulagern und sich diese auch noch mit Steuergeld fördern zu lassen, stößt sauer auf. Noch mehr, als Straches Worte auf Ibiza noch im Kopf widerhallen: Am Rechnungshof vorbei wäre eine Finanzierung der Partei über Vereine eine »gute Möglichkeit«.

Diese Beispiele zeigen klar: Es ist grundfalsch, das Strafrecht als alleinige Grenze für Korruption zu sehen. Korruption, so definiert es Transparency International, ist der Missbrauch von anvertrauter Macht zum privaten Nutzen oder Vorteil. Egal ob die Profite des ehemaligen Gemeindebundpräsidenten und Bürgermeisters Alfred Riedl oder die »richtige Nase« für Umwidmungen von Kleingärten durch den SPÖ-Bezirksvorsteher Ernst Nevriwy: Es gibt hunderte solcher Fälle in Österreich, bei denen stets betont wird, dass alles im Verfahren korrekt gelaufen sei. Das Strafrecht kann deshalb nicht der alleinige Maßstab sein.

Das Wichtigste ist eine völlige Wende im Selbstverständnis von Regierenden. Die staatspolitische Verantwortung darf nicht aus ihrem Blick geraten und es muss klar sein, dass es Gift für eine Gesellschaft ist, wenn das Gefühl entsteht, Parteien oder Politikerinnen und Politiker selbst würden sich an dem von ihnen verantworteten System bereichern. Dass es Gift für eine Gesellschaft ist, wenn alle ihre Steuern zahlen und einige einen direkten Draht zum Generalsekretär des Finanzministeriums haben. Dass es Gift für eine Gesellschaft ist, wenn über frisierte Meinungsumfragen Stimmung gemacht wird und Menschen manipuliert werden.

Die Ex-ÖVP-Ministerin Sophie Karmasin ist mittlerweile rund um die erwähnte Inseratencausa verurteilt worden. Ob es weitere Verurteilungen bis hin zu Sebastian Kurz geben wird, ist derzeit nicht absehbar. Es gilt selbstverständlich die Unschuldsvermutung, wie aber auch die Unmutsverschuldung. Denn so oder so: Das geht nicht. Weder sollte es achselzuckend zur Kenntnis genommen werden, dass mit Steuergeld aus Ministerien Umfragen und Studien gemacht werden, die allein dem Fortkommen einer Partei oder eines Politikers dienen, noch, dass öffentliche Meinung in Österreich käuflich ist.

Österreichs Medienpolitik: »Wie soll ich mit Ihnen umgehen, Frau Meinl-Reisinger?«

Es gibt verschiedene Spielweisen, um aus einer liberalen Demokratie eine bloße Demokratie oder gar eine Autokratie oder Diktatur zu machen. Die Kontrolle der Medien ist jedenfalls ein wesentlicher Bestandteil jeder dieser. In Ungarn wurden hunderte Redaktionen des Landes in Orbán-nahe Eigentümerschaft oder unter Staatskontrolle gebracht. So hat sich Orbán eine gewaltige Propagandamaschinerie aufgebaut. In Österreich wurde ein anderer Weg beschritten. Hierorts versucht die Politik einerseits über den öffentlich-rechtlichen Rundfunk und andererseits über Inserate Einfluss auf die Berichterstattung oder die öffentliche Meinung zu nehmen.

1975 führte Bruno Kreisky eine Parteienförderung in Österreich ein. Wohl um den Aufschrei gering zu halten, wurde gleichzeitig eine Presseförderung eingeführt. Lagen die Summen für Parteien auf Bundesebene und die Presseförderung erst noch nahezu gleichauf, galoppierte die Förderung für Parteien davon. Im Jahr 2022 betrugen die Mittel für klassische Presseförderung rund 8,9 Millionen.[95] Daneben gab es weitere Fördertöpfe. Alles in allem standen 2022 rund 101 Millionen Euro an Förderungen für Medien zur Verfügung. Die Parteien bekamen im selben Jahr wie schon erwähnt an die 224 Millionen Euro an Förderungen.[96] Von Gleichgewicht kann also keine Rede sein!

Der Löwenanteil der Presseförderung in Österreich läuft allerdings über Inserate der öffentlichen Hand. So gab 2022 allein der Bund 29 Millionen Euro für Inserate aus,

39 Millionen Euro entfielen auf die Landesregierungen und 133 Millionen Euro kamen von ausgelagerten Unternehmen. Inserate der öffentlichen Hand beliefen sich im Jahr 2022 also in Summe auf 201 Millionen Euro.[97] Der Vollständigkeit halber sei erwähnt, dass der ORF im selben Jahr über die GIS knapp unter einer Milliarde Euro[98] einnahm und weitere rund 200 Millionen Euro aus Werbeerlösen[99] lukrierte.

Dass die Politik mittels Inseraten auch versucht, Einfluss auf die öffentliche Berichterstattung zu nehmen, wird selbstredend dementiert, ist aber nicht von der Hand zu weisen und zudem Gegenstand der erwähnten anhängigen Strafverfahren in der Inseratencausa rund um Sebastian Kurz. Auch wissenschaftlich wurde die Frage eines Zusammenhangs zwischen Inseraten und positiver Berichterstattung für die Nationalratswahl 2008 untersucht, und die Studienautoren Lore Hajek und Günther Lengauer kamen zum klaren Schluss, dass Inserate sehr wohl die Berichterstattung beeinflussten.[100]

Das System der ausufernden Inserate hat die ÖVP nicht erfunden. Eine Untersuchung der Inseratencausa gab es schon vor über zehn Jahren im Parlament im Rahmen eines Untersuchungsausschusses. Der damalige Kanzler: Werner Faymann. Es ging um Inserate in Millionenhöhe vor allem in Boulevardmedien. Es könnte einem die Geschichte des Zauberlehrlings in den Sinn kommen: Für die Stadt Wien, ausgehend vom damaligen Wohnbaustadtrat Faymann, wurden Inserate wie Zauberbesen immer mehr zu einem entscheidenden Mittel, um die Arbeit der SPÖ-Politiker in ein gutes Licht zu rücken. Dann aber gerieten die Besen außer Kontrolle und richteten sich zuletzt unter einem neuen Zauberlehrling namens Kurz gegen die SPÖ.

Auch die Erfolge von NEOS in der rot-pinken Stadtregierung zur deutlichen Kürzung des Inseratenbudgets und für mehr Transparenz können nicht das grundsätzliche Dilemma überwinden, in dem vor allem SPÖ und ÖVP nun gefangen sind: Wer sich als Erster bewegt und das System abstellt, der hat Sorge zu verlieren. Es bräuchte dringend einen überparteilichen demokratiepolitischen Grundkonsens, dieses System grundlegend zu ändern.

Dass man sich besser nicht dagegenstellen sollte, habe ich selbst miterlebt. Im Zuge des Gemeinderatswahlkampfes 2015 thematisierte ich die Inseratenpolitik immer wieder und kritisierte sie aufs Schärfste. Eines Tages rief mich der Online-Chefredakteur eines reichweitenstarken Mediums an und brüllte ins Telefon, dass ich aufhören sollte, Inserate zu kritisieren. Wenn ich nicht aufhörte, dann werde er Woche für Woche gegen NEOS schreiben und wie »korrupt« wir seien aufgrund unserer Nähe zu Hans Peter Haselsteiner. Ich war zunächst baff: Wurde ich hier tatsächlich bedroht in einer Demokratie wie Österreich? Es sind wohl wenige Sekunden wie diese, die darüber entscheiden, ob man »mitspielt« oder eben nicht. Und so beschloss ich zurückzubrüllen, dass es eine »Sauerei« sei, wie hier mit dem Steuergeld der Wienerinnen und Wiener umgegangen werde, dass freie Medien eine höhere Presseförderung bekommen sollten und wohl auch die Leserinnen und Leser seines Mediums daran interessiert seien zu erfahren, wie mit ihrem Steuergeld der Versuch unternommen werde, Meinung zu kaufen. Aber das war nicht das einzige Erlebnis. Im Wahlkampf selbst warben wir hauptsächlich online mittels Einschaltungen in diversen Medien. Eines Tages rief die Anzeigenabteilung eines Mediums bei uns an, rechnete uns vor, dass wir woanders mehr geschaltet hätten, und kommentierte die aus ihrer Sicht zu geringen Volumina mit dem Satz »Sie müssen verstehen, das wird sich natürlich auch auf die Berichterstattung niederschlagen...«. Auch erschien ein negativer Artikel über eine meiner Mitarbeiterinnen in einer Zeitung. Ich machte einen Termin beim Chefredakteur dieses Mediums aus, um zu erfragen, warum man nicht mich, sondern eine meiner Mitarbeiterinnen angriff. Er blieb ruhig und fragte mich: »Ja, wie soll ich denn mit Ihnen umgehen, Frau Meinl-Reisinger, wenn Sie ständig über Inseratenkorruption reden?«

An der Weggabelung: Unbequeme Wahrheit

Auf den vorangegangenen Seiten habe ich versucht zu umreißen, vor welch großen Brüchen und Umbrüchen unsere Gesellschaft gerade steht. Der Problemaufriss ließe sich beliebig erweitern. Kurz zusammengefasst: Es kocht der Planet und es brodelt in der Gesellschaft.

Nicht alles können wir in Österreich allein lösen. Doch einiges schon. Um aber zu Lösungen zu kommen, braucht es wesentlich mehr Mut und Vision, als die Politik derzeit liefert. Wie schon geschrieben: Die Zeit an kleinen Schräubchen zu drehen ist vorbei und einiges müssen wir zukünftig ganz grundsätzlich anders, ja besser machen. Ein Zurück gibt es nicht, auch wenn sich das viele wünschen und es manche Parteien versprechen. Wer nur in den Rückspiegel schaut, sieht nicht die Stolperschwellen auf dem Weg, der vor einem liegt.

Wir stehen an einer Weggabelung und müssen unbequeme Wahrheiten endlich als solche akzeptieren. Für manche Lösungen haben wir nicht mehr lange Zeit, für unsere liberalen Demokratien kann es auch bald zu spät sein. Wir können in Bezug auf den Klimawandel den Kopf nicht länger in den immer heißer werdenden Sand stecken. Wir müssen uns den drängenden Fragen beim Thema Sicherheit, beim gesellschaftlichen Zusammenhalt und in Bezug auf ein erneuertes Aufstiegs- und Gerechtigkeitsversprechen ernsthaft stellen.

Unsere Demokratie ist fragil. Sie kann sich nur bedingt gegen ihre Feinde wehren. Wir erleben ein Jahrzehnt der Unsicherheit, und es ist nicht klar, ob am Ende des Jahrzehnts unsere Demokratien in Österreich und Europa gestärkt sind, bzw. zumindest den autoritären Versuchungen getrotzt haben, oder ob wir sie eingebüßt haben. Wir dürfen nicht zulassen, dass Selbstgefälligkeit und Saturiertheit auf der einen Seite und postfaktische, autoritäre Stimmungsmache auf der anderen Seite unsere Demokratien gefährden. Wenn wir nicht wollen, dass wir eines Tages aufwachen und feststellen, dass das Fundament unserer Demokratie erodiert ist, dann heißt es jetzt aufstehen und sich aktiv einbringen.

Denn die unbequemste Wahrheit von allen ist, dass die Politik allein nichts wird lösen können. Auch wenn viele Menschen die täglichen Nachrichten kaum mehr ertragen, auch wenn Krisen, Konflikte, Korruption und Krieg bei vielen das Bedürfnis nach geborgener Privatheit steigern: Ein neues Biedermeier bringt uns nicht weiter. Politik benötigt Öffentlichkeit und unsere Demokratien aktive Bürgerinnen und Bürger.

»Politik ist der Ort, an dem wir uns ausmachen, wie wir gut miteinander leben wollen«, sagte Matthias Strolz immer so treffend. Wir, das sind aber nicht wir Politikerinnen und Politiker. Das sind wir alle, jede Bürgerin, jeder Bürger, jeder Mensch, der in Österreich lebt. Der Ort Politik muss wieder lebendig und lustvoll sein. Er soll bunt, vielfältig und widersprüchlich sein. So wie wir alle nun einmal sind.

Teil 2:
Wie wir das wieder hinkriegen

Im folgenden Abschnitt werde ich wesentliche Handlungs-
felder umreißen, die drängend sind für eine gute Zukunft,
vor allem aber für ein neues Vertrauen der Menschen
zueinander und in die Politik. Ich lege hier kein Partei-
programm vor, sondern die aus meiner Sicht wesentlichs-
ten Maßnahmen, die zukünftige Regierungen setzen müssen. Aber auch Handlungsanleitungen für jede und jeden.
Denn Veränderung beginnt bei einem selbst.

Abrüstung im Kulturkampf: Packt die Moralkeule ein!

Ich habe bereits beschrieben, warum ich glaube, dass
»Wokismus« und vor allem Identitätspolitik eine Sackgasse
sind und uns nicht weiterbringen. Ich möchte noch einen
Schritt weitergehen und sagen, dass uns Moralisieren sowie
Aufschaukeln von Haltungsfragen nicht weiterbringen. Im
Gegenteil. Kritiker von »Moralismus« haben Recht darin,
dass das Abstellen auf sehr individuelle und damit unterschiedliche Moralvorstellungen vor allem einen Effekt hat:
dass sich einzelne Menschen und Gruppen in Gereiztheit
immer unversöhnlicher gegenüberstehen.

   Wir alle wachsen auf und bekommen ein Wertegerüst
mit. Unsere Eltern, unsere Erfahrungen, unser Weltbild
und selbstverständlich auch Gesetze und Normen leiten
uns an, was wir als moralisch empfinden und was nicht.
Recht und Moral sind miteinander verwoben, aber auch
gedanklich zu trennen. Was Recht und Gesetz ist, bestimmt
in unserer Demokratie der Gesetzgeber im Rahmen der

geltenden auch verfassungsrechtlichen Schranken und nicht die Moralvorstellung eines Einzelnen oder einer Gruppe.

Natürlich benötigen wir alle im Zusammenleben moralische Maßstäbe. Auch und gerade die Politik sollte nicht amoralisch agieren. Was aber »richtig« und »gut« ist, muss immer wieder ausgehandelt werden und grundsätzlich einer universellen Prüfung im Sinne von ethischen Prinzipien standhalten.

Moralvorstellungen können aufeinanderprallen, wenn sie immer nur die eigene Position, die eigene Identität, die eigenen Interessen im Blick haben. Eine selbstgerechte Belehrung anderer aber lässt nötige Ethik und Moral zu Moralismus verkommen.

Moralisieren tritt nur allzu oft auch an die Stelle von politischen Lösungen. Ein Beispiel: Anstatt grundsätzliche politische Entscheidungen hinsichtlich des Kampfes gegen den Klimawandel zu treffen, wird der Verzehr von Fleisch oder das Fliegen moralisch geahndet. »Flugscham« ist ein gutes Bespiel dafür, wie moralische Verhaltensnormen handfeste politische Entscheidungen, wie die eines höheren CO_2-Preises, der echte Kostenwahrheit beinhaltet, ersetzen.

Ein weiteres Beispiel ist das Gendern. Es gibt zwar weiterhin einen hohen Gender Pay Gap und kaum jemand in Österreich würde sich trauen zu sagen, dass echte Gleichstellung von Männern und Frauen im Leben erreicht wurde. Doch die Debatte um gendersensible Sprache verdrängt oft die Diskussion um bessere Vereinbarkeit von Familie und Beruf, stereotypisierende kollektivvertragliche Gehaltschemata, verbindliche Quoten und Ähnliches. Statt echte Gleichstellungspolitik zu liefern, ereifert sich vornehmlich die Linke in gendersensibler Sprache, und die Rechte führt einen ebenso moralisch aufgeladenen, schrillen Abwehrkampf dagegen. Um es spitz zu formulieren: Keine Frau verdient mehr, wenn Gendern verpflichtend vorgeschrieben oder verboten wird.

Ein anderes Beispiel sind Migration und Integration. Sorgen über kulturelle Entfremdung, ökonomische Abstiegsängste und Sicherheitsbedenken von Menschen in Bezirken mit hohem Ausländeranteil wird bisweilen damit begegnet, dass diesen Menschen ausgerichtet wird, sie mögen doch kulturelle Vielfalt als Bereicherung sehen. Wer anderes sagt, ist ausländerfeindlich und rassistisch.

In Diskussionen werden keine Sachargumente ausgetauscht und erst recht keine Lösungen präsentiert, sondern die andere Position wird auf Basis einer moralischen Bewertung niedergemacht. Politische Korrektheit wurde zum Banner einer (auch bisweilen ökonomisch besser gestellten) bildungsbürgerlichen Selbsterhöhung gegenüber weniger gebildeten Menschen. Täglich in den Feuilletons und auf den Bühnen erlebbar: Der moralische Zeigefinger ist schnell erhoben und abseits der oftmals mit den Themen einhergehenden ökonomischen Fragen gerieren sich Journalismus und Kulturbetriebe als »Haltungsbewahranstalten«. Das nervt. Und schafft Gegenbewegungen. So ist der Begriff des »Haltungsjournalismus« längst zum Kampfbegriff der Konservativen und Rechtspopulisten gegenüber einem angeblich vorherrschenden Meinungsmainstream geworden. Zahlenmäßig wohl kaum unterlegen, holen nun rechtskonservative und rechtspopulistische Medienplattformen selbst zum kulturellen und moralisierenden Gegenangriff aus.

Bisweilen laufen so manche auch in selbst aufgestellte Moralfallen. Die Klimaschutz-Ikone Greta Thunberg wurde mit ihrem »How dare you?«, ihrem emotionalen Auftritt mit der Frage »Wie könnt ihr es wagen?« 2019 beim UN-Klimagipfel weltberühmt. »Ihr habt meine Träume und meine Kindheit gestohlen mit euren leeren Worten!«, rief sie weiter. Sie war zum Idol einer stark moralisierenden Klimabewegung geworden, die »climate justice«, also »Klimagerechtigkeit« einforderte. Der Begriff der Klimagerechtigkeit hob die Frage des Kampfes gegen den Klimawandel mit dem Verknüpfen von sozialen und postkolonialen Gerechtigkeitsfragen auf eine moralische Ebene.

Nach dem barbarischen Terrorangriff der Hamas auf Jüdinnen und Juden in Israel postete Thunberg Solidaritätsbekundungen mit den Palästinensern. Bei einer Klimakundgebung in Amsterdam sprach sie wiederholt den Nahen Osten an und reichte ihr Mikrofon einer palästinensischen Aktivistin, die Israel »Völkermord« vorwarf. Einem Teilnehmer, der auf die Bühne kam und sagte, er sei wegen des Klimas hier und nicht wegen propalästinensischer Äußerungen, wurde das Mikrofon abgenommen und Thunberg skandierte daraufhin: »No climate justice on occupied land!«, also »keine Klimagerechtigkeit in besetzten Gebieten«. Dieselben Feuilletons, die Thunberg noch Jahre zuvor gefeiert hatten, prangerten daraufhin ihre antisemitische Haltung an. Greta Thunberg sitzt in der Moralfalle.

Wo Argumente Gefühlen weichen und Moralisierung Platz greift, geraten echte politische Lösungen aus dem Blick und die Freiheit in einer Gesellschaft unter Druck. Der Weg raus kann also nur darin bestehen, der moralischen Überlagerung von politischen Themen eine klare Absage zu erteilen. Die Moralkeule gehört eingepackt, Befindlichkeiten hintangestellt und Sachargumente wieder ins Zentrum der Diskussionen gestellt.

Das »Wir-Gefühl«: Verfassungspatriotismus und ein Pakt des Vertrauens

Zunehmende Individualisierung lässt die Menschen allein zurück. Sie suchen Zugehörigkeit und Anerkennung über Gruppen. Das gibt Tribalismus und Identitätspolitik Auftrieb. Damit geht aber beides verloren: das in einer Gesellschaft nötige Band des gesellschaftlichen Zusammenhalts sowie der universelle, humanistische Gedanke der freien und selbstbestimmten Entfaltung jedes einzelnen Menschen. Wenn jeder seine eigene Identität, seine eigenen Erfahrungen, Werte oder auch Diskriminierungserlebnisse zum Maßstab macht, so geht zwangsläufig der Blick auf die Situation *jedes einzelnen Menschens* und damit *aller Menschen* verloren. Wir sind alle Menschen, wir sitzen alle im gleichen Boot und haben den gleichen Anspruch auf Gerechtigkeit, Chancen und Freiheit.

1948 erfolgte die Allgemeine Erklärung der Menschenrechte, die universelle Grund- und Freiheitsrechte aller Menschen proklamierte. In den 1950er und 1960er Jahren erreichte der Kampf gegen rassistische Diskriminierung sowie für Gleichberechtigung und Gleichstellung von Afroamerikanerinnen und -amerikanern seinen Höhepunkt. Getrieben wurde dieser Kampf von der »Bürgerrechtsbewegung«. Auch hier ging es um den universellen[101] Anspruch aller Bürgerinnen und Bürger, gleiche Würde zu erlangen und gleiche Rechte vom Gesetz einzufordern. Und damit ihre Freiheit. Freiheit heißt also einmal mehr genau nicht Willkür, sondern die Abwesenheit davon durch die Zusicherung von Rechten durch den Staat. Der Schutz von

Minderheiten, der Schutz vor Diskriminierung und das Recht auf Selbstbestimmtheit sind also notwendige Bestandteile dieser Freiheit, denn Freiheit kann nur gelten, wenn nicht andere wiederum quasi im Eintausch ihrer Freiheit beraubt werden.

Das sollte uns Leitmotiv sein. Statt in immer kleineren Gruppen die Bürgergesellschaft zu fragmentieren, sollten wir uns auf die universelle Geltung von Menschenrechten und Menschenwürde und damit auf die Freiheit berufen.

Was hält unsere Gesellschaft zusammen? Was ist das oben genannte Band des gesellschaftlichen Zusammenhalts – in Österreich wie in Europa? Der deutsche Soziologe und Politiker Ralf Dahrendorf sprach von »Ligaturen«[102], jenen Zugehörigkeiten und Bindungen, die gesellschaftliches Leben erst ermöglichen. Rechte Identitätspolitik würde die Nation und die Zugehörigkeit zu einer ethnischen Gruppe samt kultureller Homogenität als einendes Band nennen. Doch Heimatliebe auf Blut und Boden zu begründen kann nur erneut katastrophale Auswirkungen haben, denn nur Offenheit und das Prinzip von Pluralität garantieren letztlich die Freiheit aller in Österreich lebender Menschen.

In unserer Demokratie herrscht Religionsfreiheit. Was also ist der Glaube, der uns zusammenhält? Das kann eben nur der Glaube an die liberale Demokratie sein, die ja erst die Grundlagen für die Freiheit schafft, dass jeder und jede so leben kann, wie er oder sie das möchte. Ganz in diesem Sinne möchte ich daher sagen: »Unser Glaube heißt Demokratie!«

Ich bin echte Patriotin – ganz konkret eine Verfassungspatriotin. Heimatliebe ist etwas sehr Positives und erwächst aus unseren Rechten in der Verfassung. Wir leben in einer diversen Gesellschaft, aber unsere Zusammengehörigkeit wird über die österreichische Bundesverfassung sichergestellt. Damit wird jedoch gleichzeitig auch eingefordert, dass es um einen Schwur der unverbrüchlichen Treue zu Österreich, zu unseren Werten und unseren Grundrechten geht.

Das mag zu abstrakt scheinen, als dass man darauf Vertrauen und Zusammenhalt in einer Gesellschaft aufbauen könnte. Angesichts der Bedrohungen für unsere Demokratie von außen wie innen haben diese Fragen jedoch Konjunktur. Allein schon die unsäglichen Demonstrationen für die türkische AKP und Erdoğan und damit für ein System, das uneingeschränkte Macht ausgebaut und liberale demokratische Elemente eliminiert hat, oder die unerträglichen Skandierungen von antisemitischen und antiisraelischen Parolen samt Gutheißen der barbarischen Taten der Terrororganisation Hamas auf Wiens Straßen zeigen uns auf, wie sehr es bei uns brodelt und wie nötig ein radikales Umdenken nicht nur bei der Zuwanderung, sondern auch in der Integrationspolitik ist. Das zwingt uns, unser demokratisches Grundverständnis unmissverständlicher klarzumachen – auch eben als nötiges Band für den gesellschaftlichen Zusammenhalt. Auf die Straße zu gehen, demokratische Grundrechte zu nutzen, um antidemokratischen Regimen das Wort zu reden, oder brutales Morden von Terrororganisationen zu begrüßen – das geht nicht. Hier sind unsere Demokratie und unsere Freiheit selbst in Gefahr.

Der deutsche Staatsrechtler Ernst-Wolfgang Böckenförde ist bekannt durch folgendes Diktum:

Der freiheitliche, säkularisierte Staat lebt von Voraussetzungen, die er selbst nicht garantieren kann. Das ist das große Wagnis, das er, um der Freiheit willen, eingegangen ist. Als freiheitlicher Staat kann er einerseits nur bestehen, wenn sich die Freiheit, die er seinen Bürgern gewährt, von innen her, aus der moralischen Substanz des einzelnen und der Homogenität der Gesellschaft, reguliert. Anderseits kann er diese inneren Regulierungskräfte nicht von sich aus, das heißt mit den Mitteln des Rechtszwanges und autoritativen Gebots zu garantieren suchen, ohne seine Freiheitlichkeit aufzugeben und – auf säkularisierter Ebene – in jenen Totalitätsanspruch zurückzufallen, aus dem er in den konfessionellen Bürgerkriegen herausgeführt hat.[103]

Auf die dennoch bestehende Notwendigkeit zur Wehr-haftigkeit von Demokratien gegenüber der Intoleranz werde ich später eingehen. Böckenförde spricht hier also explizit davon, dass es auf die freiheitliche Einstellung jedes Einzelnen ankommt – auf die »moralische Substanz« des Einzelnen. Unter Homogenität kann in einer pluralen Gesellschaft mit Sicherheit nicht ethnische oder kulturelle Homogenität gemeint sein, denn das ließe sich nur durch totalitäre Maßnahmen erzwingen, und er sagt ja selbst, dass dies die Freiheitlichkeit des Staates vernichten würde. Vielmehr geht es um eine Art gesellschaftlichen Grund-konsens, der auch nicht so verstanden werden sollte, dass damit Religion oder Kirche gemeint ist. Er sagt nämlich später:

Vom Staat her gedacht, braucht die freiheitliche Ordnung ein verbindendes Ethos, eine Art ›Gemeinsinn‹ bei denen, die in diesem Staat leben. Die Frage ist dann: Woraus speist sich dieses Ethos, das vom Staat weder erzwungen noch hoheitlich durchgesetzt werden kann? Man kann sagen: zu-nächst von der gelebten Kultur. Aber was sind die Faktoren und Elemente dieser Kultur? Da sind wir dann in der Tat bei Quellen wie Christentum, Aufklärung und Humanismus. Aber nicht automatisch bei jeder Religion. Um eine solche Quelle zu sein, muss die Religion ein auskömmliches Ver-hältnis zum säkularen, religionsneutralen Staat finden, wie dies dem Christentum inzwischen gelungen ist. Ich habe die Hoffnung, dass solche Entwicklungen auch im Islam mög-lich sind. Nur: Herbeizwingen lässt sich das nicht.[104]

Wir brauchen also ein »Wir-Gefühl«, das sich nicht aus Religion oder ethnischer Zugehörigkeit speisen kann. Nur mit diesem »Wir-Gefühl« ist letztlich auch garantiert, dass wir die Freiheit einer pluralen, offenen Gesellschaft be-wahren. Dieses »Wir-Gefühl« speist sich aus den Rechten und Werten, die unsere Verfassung festlegt. Diese Grund-rechte sind unser moralischer Kompass. Darüber hinaus sind aber auch Tradition und Brauchtum, wie beispiels-weise das Mitfiebern mit der Nationalmannschaft, wichtig als Teil von »gelebter Kultur«. Letztlich aber gibt es noch eine andere Erzählung, die unser »Wir-Gefühl«, unseren Gemeinsinn stärkt. Es ist das Vertrauen darauf, dass es jeder mit Fleiß zu etwas bringen kann. Dass mit guter Bildung und Ausbildung Aufstieg sowie ein gutes Leben gelingen und die, die es aus eigener Kraft nicht schaffen ihren Lebensunterhalt zu bestreiten, von einem solidarischen sozialen Netz getragen werden. Dabei geht es im Kern um ein Wohlstandsversprechen durch Leistung für alle.

Wir benötigen daher dringend einen »Pakt des Vertrauens«, der die Institutionen unserer Demokratie, wie Grundrechte, stärkt, Kooperation und bürgerschaftliches Engagement im Sinne des Gemeinwesens fördert sowie Eigenverantwortung und Solidarität in eine solche Balance bringt, dass individueller Aufstieg durch Leistung und Bildung möglich ist.

Heute schon dein Demokratieerlebnis gehabt?

Demokratische Teilhabe setzt in der Regel Staatsbürgerschaft voraus. Immer mehr Menschen haben sich jedoch in Österreich dauerhaft niedergelassen, leisten ihren Beitrag zur Gesellschaft, zahlen Steuern, sind aber nicht Staatsbürger und damit nicht wahlberechtigt. Wir kommen in eine Schieflage in der Frage nach politischer Legitimität, wenn in Wien der durchschnittliche Anteil von ausländischen Staatsbürgerinnen und -bürgern mittlerweile bei über 44 Prozent liegt. In Bezirken wie Rudolfsheim-Fünfhaus sind mittlerweile mehr als die Hälfte (55,1 Prozent) der Bewohnerinnen und Bewohner Ausländer und somit nicht wahlberechtigt. Wesentliche Schritte, um diese Schieflage wieder geradezurücken, sind zunächst einmal, ein Wahlrecht für EU-Bürger einzuführen, aber auch andere Wege der Teilhabe zu suchen – Bürgerräte beispielsweise, ich werde später noch genauer darauf eingehen. Aber vor allem gehören die Hürden für die Staatsbürgerschaft gesenkt.

Immer wieder hört man von rechtskonservativer Seite, dass die Staatsbürgerschaft das höchste Gut sei und man dieses nicht verschenken dürfe. Glauben Sie mir: Geschenkt wird einem auf dem Weg zur österreichischen Staatsbürgerschaft beileibe nichts. Die Kosten sind hoch, die bürokratischen Hürden bis Schikanen auch. Erst kürzlich habe ich zwei Freundinnen auf diesem Hürdenlauf begleiten dürfen. Eine Polin und eine Deutsche – also noch dazu EU-Bürgerinnen, die es aber satthatten, hier zu arbeiten, Steuern zu zahlen, Kinder geboren zu haben, für den Rest ihres Lebens hier leben zu wollen, jedoch nicht teilhaben zu können durch demokratische Mitbestimmung. »No taxation without representation« könnte einem da natürlich in einem anderen Kontext in den Sinn kommen.[105] Viele entscheiden sich im Übrigen gegen diesen Schritt, weil sie ihre bisherige Staatsbürgerschaft nicht verlieren wollen. Doppelstaatsbürgerschaften sollten einfacher ermöglicht werden – das gilt besonders auch für Auslandsösterreicher. Bei den beiden ist dann schließlich alles gut gegangen, doch es gibt zahllose andere Fälle, wenn etwa angehäufte Strafmandate bei Fernfahrern zu einer Verweigerung der Staatsbürgerschaft führten.

Österreich sollte aber nicht nur aus demokratiepolitischen Überlegungen ein Interesse daran haben, die Hürden für die Staatsbürgerschaft zu senken. Auch in puncto Integration wäre das wichtig, denn die Staatsbürgerschaft kann und muss noch wesentlich klarer mit einem klaren Bekenntnis zu unserer Verfassung, unseren demokratischen Institutionen und den in der Verfassung verankerten

Grundrechten und -werten verknüpft sein. Eine feierliche Verleihung mit einem Treueschwur, wie er in den Vereinigten Staaten[106] geleistet werden muss, würde die patriotische Bedeutung dieses Bekenntnisses zur Verfassung unterstreichen. Die aktuelle abgespeckte Zeremonie in Österreich ist weder in Form noch Inhalt vergleichbar.

Gerade in einer Zeit, in der antidemokratische Einstellungen und Radikalisierung zunehmen, in der sich kulturelle, religiöse Konflikte und auch Gewalt zunehmend auf österreichischen Straßen verbreiten, ist es wichtig, für Demokratie einzustehen und Demokratieerlebnisse zu fördern. In unseren regelmäßigen Untersuchungen zum subjektiven Freiheitsgefühl der Menschen (Freiheitsindex[107]), die wir gemeinsam mit dem Meinungsforschungsinstitut SORA durchführen, kommt eines klar zum Ausdruck: je stärker das Gefühl der Selbstwirksamkeit schon in jungen Jahren, desto größer die Demokratieneigung später. Anders gesagt: Wer erlebt hat, dass seine Meinung etwas zählt, in der Schule, in der Familie, der lässt sich weniger leicht von autoritären Einstellungen verführen.

Demokratie muss einerseits dafür Sorge tragen, dass die für die Demokratie so wichtigen demokratischen Institutionen funktionieren. Dazu später mehr. Andererseits braucht es Demokratiebildung, wobei es um mehr geht als das Wissen über prinzipielle Abläufe. Es geht auch um die Verpflichtung, sich im Sinne eines bürgerschaftlichen Engagements zumindest zeitweilig einzubringen. Nichts ist dabei lustvoller als das Erleben von demokratischer Wirksamkeit. Deshalb ist es dringend notwendig, eine wöchentliche Demokratiestunde in die Schulen zu bringen – etwa mit dem Fach »Demokratie erleben«, das in großartigen freiwilligen Projekten bereits an Schulen angeboten wird, auch durch externe Anbieter. Wesentlich ist, dass es nicht bei der Theorie bleibt. Auch Schulen sind Orte, an denen man sich ausmachen muss, wie man gut miteinander leben will.

Demokratie erlebbar zu machen, muss aber auch im Erwachsenenalter gelten: nicht bloß am Wahltag, nicht bloß für die wahlberechtigte Bevölkerung. Vor einigen Jahren habe ich mir die Bürgerbudgets in Stuttgart und Paris angesehen. In beiden Fällen können Bürgerinnen und Bürger wirksam mitbestimmen, wofür die Stadt Teile des Budgets einsetzt. Der wesentliche Kern einer Beteiligung von Bürgerinnen und Bürgern liegt darin, dass sie merken, dass sie etwas bewirken können.

Beteiligungsprozesse müssen frühzeitig, ergebnisoffen und ernsthaft durchgeführt werden, sonst sind bald mehr Bürgerinnen und Bürger vergrault als begeistert. Niemals, wirklich niemals dürfen sie zu politischen Marketinginstrumenten verkommen. Und das war genau der Knackpunkt beim Klimarat, den wir NEOS selbst gefordert haben. Ging es hier um echte Beteiligung oder doch eher um ein Marketinginstrument für die amtierende Klimaministerin Leonore Gewessler? Was wurde aus den Ergebnissen? Bekamen die Menschen, die daran teilgenommen haben, das Gefühl, »wirksam« gewesen zu sein? Ich habe kürzlich mit einem der Teilnehmer gesprochen. Er betont, dass der Rat an sich eine großartige Erfahrung war. Viele Menschen, die sonst so nie zusammengekommen wären, haben sich intensiv mit einem Thema beschäftigt und Empfehlungen erarbeitet. Aber natürlich sei da ein gewisser Frust, dass die Politik danach mit den Empfehlungen nicht wirklich was gemacht habe. Auch nicht die Klimaministerin. Aber, so sagte er: Es ist was daraus entstanden. Rund 30 bis 40 Teilnehmerinnen und Teilnehmer des Klimarats haben sich danach in einem Verein zusammengefunden und machen nun zivilgesellschaftlich bei dem Thema weiter. Na immerhin: Bürgerschaftliches Engagement mit Blick auf das Gemeinwohl ist daraus also entstanden!

Bürgerräte können ein wirksames Mittel sein, umstrittene Fragen in einen konstruktiven demokratischen Prozess zu bringen. In Vorarlberg gab es schon einige solcher Räte. Auch in Irland kommen sie regelmäßig zum Einsatz. Die kommunale Ebene scheint mir jedenfalls der ideale Ort zu sein, um damit zu starten. So, wie sie konstruiert sind, bieten sie den nötigen demokratischen Raum, um die Sphäre des eigenen Interesses im Sinne eines übergeordneten Gemeininteresses zu verlassen.

In Wien war (und ist) das Bauprojekt am Heumarkt ein sehr umstrittenes Projekt. Vereinfacht gesagt ging es dabei um das Spannungsfeld einer in die Höhe bauenden Stadt und des Weltkulturerbes. Nicht zum ersten Mal kam Wien in Konflikt mit der UNESCO. Die Grünen saßen damals in der Stadtregierung und wollten das Projekt. Die Grüne Basis erzwang jedoch eine Urabstimmung, die negativ ausging. Eine Zeit lang war daher nicht sicher, ob es eine Mehrheit für das Projekt im Gemeinderat geben würde. So kontaktierte mich der Investor Michael Tojner, ob wir NEOS, die dem Projekt aufgrund des drohenden Verlusts des Weltkulturerbe-Status für die Wiener Innenstadt negativ gegenüberstanden, nicht doch für das Projekt zu gewinnen wären. Ich schlug einen Bürgerrat vor, den die Stadt zum skizzierten Spannungsfeld initiieren sollte, und rief die damalige SPÖ-Stadträtin Renate Brauner an, um ihr die Idee näherzubringen. Ihre Reaktion, nachdem ich ihr kurz skizziert hatte, wie das gestaltet werden könnte, habe ich immer noch im Ohr. Sie sagte wörtlich: »Aber da wissen wir ja nicht, was rauskommt!« Ich muss noch heute herzlich lachen. Ja eben. Das genau ist der Sinn von echten Bürgerräten. Die Politik gibt einen Teil der Macht an Bürgerinnen und Bürger ab. Ernsthaft und ergebnisoffen. Offenbar ist es in Österreich noch ein langer Weg bis dorthin …

Der Bürgerrat kam dann auch deshalb nicht zustande, weil vorgeschlagen wurde, dass ein solcher Prozess vom Investor finanziert und durchgeführt werden solle. Und das geht natürlich nicht. Weder brauchen wir NEOS einen Marketing-Gag, noch kann ein solcher Prozess von einem Bauwerber durchgeführt werden. Initiative und auch Durchführung müssen sinnhafterweise bei der Politik liegen.

Eines ist aber auch klar: In einer Zeit, in der Demokratie immer mehr zu einer Stimmungsdemokratie wird, also Emotionen hochgepeitscht werden und sich die Politik nach diesen Emotionen ausrichtet, ist es ein schmaler Grat für Verfechterinnen und Verfechter von direkter Demokratie. Allzu leicht werden Volksabstimmungen für Propaganda missbraucht. Und so nimmt es nicht wunder, dass von den Neofaschisten in Italien bis zu Erdoğan, von der FPÖ bis zur Schweizer SVP sich allesamt für mehr Plebiszite, also Volksabstimmungen und Volksbefragungen, und Direktwahlen starkmachen. Populisten beherrschen das Spiel auf der Klaviatur der Emotionen nun mal am besten und haben keine Skrupel, mit Angst und Spaltung Politik zu machen. Man sollte daher genau zuhören, wenn Populisten den »Volkswillen« erkunden wollen. Der Volkswille ist oftmals nämlich reichlich diffus. Und die Intention dahinter ist nicht ehrliches Interesse am Volk, sondern die Benützung des Volkes zur Durchsetzung und Bestätigung der eigenen Position.

Aber auch hier können Bürgerräte ein guter Weg aus dem Dilemma sein, denn dabei zählen Argumente und nicht Emotionen. Solche Foren tragen dadurch zur Stärkung der Demokratie statt zu deren Schwächung bei.

Demokratie braucht informierte Bürger

Kaum etwas ist wesentlicher für eine Demokratie als verlässliche Informationen. Damit einhergehend auch das Vertrauen in Medien. Dieses sinkt in Österreich und befindet sich im internationalen Vergleich im hinteren Mittelfeld. Dieses Vertrauen aber wird in Zeiten von steigenden Verschwörungstheorien, Fake News, alternativen Fakten und Message Control immer wesentlicher. Verlässliche Informationen gibt es dort, wo Berichterstattung seriös von Meinung getrennt wird und journalistische Qualitätskriterien eingehalten werden. Dies setzt gut ausgebildete Journalistinnen und Journalisten sowie Zeit für ihre redaktionelle Arbeit voraus. Tatsächlich werden aber in den Redaktionen der österreichischen Zeitungen massiv Mitarbeiterinnen und Mitarbeiter abgebaut. Gleichzeitig steigt die Anzahl an Kommunikationsmitarbeitenden in den Ministerien und im Bundeskanzleramt beständig.

Wie beschrieben gibt es zudem eine massive Schieflage bei der Presseförderung. Wenn deutlich mehr für Inserate als für Medienförderung ausgegeben wird, dann ist die Freiheit der Medien massiv bedroht. Dazu kommen die Silicon-Valley-Mediengiganten wie Facebook, X, vormals Twitter, oder Google, die massiv Werbegelder abziehen und Inhalte kostenlos anbieten.

Mit dem von Türkis-Grün durchgepeitschten ORF-Gesetz wird die Lage noch schiefer. Auch wenn vom Rundfunkmonopol glücklicherweise nicht mehr die Rede sein kann: Niemand kann die Augen davor verschließen, dass dem ORF eine marktbeherrschende Stellung zukommt. Ein starker öffentlich-rechtlicher Rundfunk kann eine Säule für verlässliche Information und damit eine gute demokratische Grundlage sein. Kann, nicht muss. Und der öffentlich-rechtliche Auftrag kann sich auch nicht allein auf den ORF beschränken. Vielmehr muss es in einem kleinen Land wie Österreich eine gut strukturierte Medienförderung geben, die Medienvielfalt wirtschaftlich absichert und den öffentlich-rechtlichen Auftrag auf mehrere Schultern verteilt. Wesentlich dabei ist also ein ganz grundlegendes Bekenntnis zu Medienvielfalt. Diese ist aber in Gefahr: Mit dem neuen ORF-Gesetz wird dem ORF im Bereich Digitales die Möglichkeit gegeben, zukünftig wie jedes andere private Medienhaus auch »digital publisher« zu sein. Diese Rechte gehen weit über den ursprünglichen Rundfunk-Auftrag hinaus. Finanziert durch eine Abgabe, die alle zahlen, kann der ORF so Inhalte kostenlos anbieten, für die andere Medien eine Bezahlvariante entwickeln mussten. Das wird der langsame, aber sichere Todesstoß für viele Medien in Österreich sein. Hinter vorgehaltener Hand sagen Herausgeberinnen und Geschäftsführer, dass allen die Fantasie ausgehe, wie man ein Geschäftsmodell für die Zukunft aufstellen könne.

Gleichzeitig hat es Türkis-Grün verabsäumt, eine Reform der ORF-Gremien in Angriff zu nehmen. Dabei wäre dies dringend nötig und geboten, um den ORF aus der parteipolitischen Umklammerung zu befreien. Einmal mehr war es der Verfassungsgerichtshof, der im Herbst 2023 erkannte, dass Teile des ORF-Gesetzes, die die Bestellung der Mitglieder des Stiftungsrats und des Publikumsrats betreffen, verfassungswidrig sind. Das ist nun eine Riesenchance, die genutzt werden muss. Das gesamte ORF-Gesetz samt Haushaltsabgabe sollte zurück an den Start. Österreich müsste dringend eine grundlegende Debatte darüber führen, was der ORF können soll und welche Art der Medienlandschaft wir haben wollen.

Insbesondere von Seiten des ORF bringt mir mein prüfender Blick auf die mit dem neuen Gesetz weitreichenden digitalen Möglichkeiten des ORF samt gesicherter Finanzierung Kritik ein. Ich wolle in Wahrheit den ORF abschaffen. Das stimmt nicht. Aber wagen wir ein Gedankenspiel: In Österreich gibt es eine autoritäre Regierung, die mit Populismus an die Macht gekommen ist und dort bleiben möchte. Die Medienvielfalt ist ausgehungert oder am Inserate-Gängelband und der ORF nicht von parteipolitischen Fesseln befreit. Damit ist klar, dass die Kontrolle über die Medien wesentlich leichter möglich ist. Autoritaristen können sich die Finger reiben.

Es ist daher wichtig, die wirtschaftliche Grundlage privater Medien abzusichern. Statt Inseratenkorruption muss eine breite neue Medienförderung her, finanziert aus einer Halbierung der Parteienförderung in Österreich.

Aber auch in Bezug auf soziale Medien muss ein Umdenken stattfinden. Wenn unsere Freiheit und unsere Demokratie in Gefahr sind, so gilt das Primat der Ordnungspolitik. Regularien müssen her, die echte Datensouveränität der Nutzerinnen und Nutzer garantieren. Auch soziale Medien sind Medien und daher verantwortlich für den Inhalt, der auf ihren Plattformen veröffentlicht wird. Es geht um grundsätzliche Wettbewerbsgleichheit gegenüber klassischen Medien. Demokratiegefährdenden Entwicklungen wie Desinformationskampagnen, egal ob von staatlichen Akteuren wie Russland oder von Gruppierungen, muss wirksam der Kampf angesagt werden. Nötigenfalls mit enormen Strafdrohungen. Die EU versucht dagegenzuhalten. Neue Gesetze wie der »Digital Services Act« sollen Angriffe von außen durch Desinformationskampagnen bekämpfen. Bisherige Maßnahmen auf den Social-Media-Plattformen bleiben aber ineffektiv. Manche Plattformen wie X, vormals Twitter, weigern sich sogar. X lockerte seine Sicherheitsstandards. Elon Musk gab an, dass jede Form von Nachrichten schließlich Propaganda sei. Im Dezember 2023 eröffnete die EU in der Folge ein Verfahren gegen X wegen der Verbreitung illegaler Inhalte.

Durch die Integration von Daten- und Medienplattformen haben diese Tech-Giganten enorme Marktmacht, die letztlich den Wettbewerb, aber auch die Autonomie der Menschen stark einschränkt. In der Vergangenheit wurden auch Übernahmen wie die von Instagram durch Meta, die Facebook-Mutter, zugelassen, was zu einer weiteren Marktkonzentration geführt hat. Damit haben die Konzerne klar marktbeherrschende Stellung, und zwar an vielen Fronten: als Plattformen selbst sowie bei der Sammlung, Verarbeitung und Monetarisierung von Daten. Wir sollten sehr ernsthaft darüber diskutieren, ob diese Konzerne nicht zerschlagen und unterschiedliche Geschäftsbereiche entflochten werden müssten.

Insbesondere aber wenn es um den Schutz unserer Kinder geht, müssen wir wachsamer sein. In den sozialen Medien werden die Kriege der Weltbühne auf digitaler Ebene weitergeführt, Propaganda ist in vollem Gange. In einem Artikel im »Falter«[108], in dem die Journalistin Lina

Paulitsch von der Selbsterfahrung ihres 14-jährigen Alter Egos auf TikTok berichtet, schließt sie mit einem sehr treffenden Vergleich: Wenn an unseren Schulen Flyer von Scientology verteilt würden, stünden wir als Eltern dagegen auf. Bei TikTok aber werden Kinder (sowie die überforderten Eltern) oft damit alleingelassen. Digitale Medienbildung, aber auch Freiräume vom Handy sind also für unsere Schulen ein Muss. Zusätzlich aber sollten wir in Europa grundsätzlich darüber nachdenken, ob ein chinesisches Medienunternehmen wie TikTok, das in China selbst nur in der chinesischen Version Douyin erlaubt ist, nicht ein enormes Sicherheitsrisiko darstellt. Die Trennung von Unternehmen und Staat ist in China nicht gegeben, und wie schon erwähnt ist die Vorstellung, dass hunderte Millionen von Verhaltensdaten von jungen Menschen aus Europa oder den USA zumindest indirekt bei der Kommunistischen Partei in China landen, wenig beruhigend. Einige Staaten, darunter auch Österreich, und die EU haben TikTok schon auf Regierungshandys verboten, aber auch Rufe, TikTok generell zu verbieten, werden laut. Keine einfache Frage für eine liberale Demokratie. Aber im Sinne der Freiheit und der Wehrhaftigkeit eine, die gestellt werden muss. Liberalität sollte nicht mit Naivität verwechselt werden.

Wehrhafte Demokratie

Wie zuvor schon beschrieben sind Demokratien immer stärker unter Druck und verletzlich gegenüber den Feinden der Demokratie. Mir läuft regelmäßig ein kalter Schauer über den Rücken, wenn ich das folgende Zitat von Joseph Goebbels lese:

Das wird immer einer der besten Witze der Demokratie

bleiben, daß sie ihren Todfeinden die Mittel selber stellte, durch die sie vernichtet wurde.[109]

Noch schauriger wird es aber, wenn man das Zitat weiterliest:

Die verfolgten Führer der NSDAP traten als Abgeordnete in den Genuß der Immunität, der Diäten und der Freifahrkarte. Dadurch waren sie vor dem polizeilichen Zugriff gesichert, durften sich mehr zu sagen erlauben als gewöhnliche Staatsbürger und ließen sich außerdem die Kosten ihrer Tätigkeit vom Feinde bezahlen. Aus der demokratischen Dummheit ließ sich vortrefflich Kapital schlagen. Auch die Anhängerschaft der NSDAP begriff das sofort und hatte ihre helle Freude daran. Die Partei wuchs im Volke, weil ihre Führer sich im Volke bewegten. Von Wahl zu Wahl aber konnte sie von der Liste der Abgeordneten ihr Wachstum, amtlich bestätigt, ablesen.

Mit welcher Verhöhnung, ja Verachtung hier die Demokratie an sich besehen wird. Als ein Mittel zum Zweck, ebendiese Demokratie zu zerstören. Mit bloßem Auge sind die Parallelen zu rechtsextremen und rechtspopulistischen Parteien in Europa und in den USA erkennbar.

Wir müssen unsere Naivität ablegen und sehr wachsam sein. Das bedeutet auch, für eine liberale Demokratie mit offener Gesellschaft zu erkennen, dass Toleranz gegenüber der Intoleranz eben genau diese offene Gesellschaft gefährdet, wie das Karl Popper in seinem Werk[110] auch zum Ausdruck gebracht hat. Er sprach vom Toleranz-Paradoxon:

Uneingeschränkte Toleranz führt mit Notwendigkeit zum Verschwinden der Toleranz. Denn wenn wir die uneingeschränkte Toleranz sogar auf die Intoleranten ausdehnen, wenn wir nicht bereit sind, eine tolerante Gesellschaftsordnung gegen die Angriffe der Intoleranz zu verteidigen, dann werden die Toleranten vernichtet werden und die Toleranz mit ihnen.

Selbstverständlich aber war sich auch Popper des schmalen Grats bewusst. Solange intolerante Ideologien durch einen rationalen Diskurs und durch öffentliche Meinung in Schranken gehalten werden könnten, sei die (gewaltsame) Unterdrückung solcher intoleranten Ideologien unvernünftig. Aber weiter schreibt er:

Wir sollten daher im Namen der Toleranz das Recht für uns in Anspruch nehmen, die Unduldsamen nicht zu dulden. Wir sollten geltend machen, dass sich jede Bewegung, die die Intoleranz predigt, außerhalb des Gesetzes stellt, und wir sollten eine Aufforderung zur Intoleranz und Verfolgung als ebenso verbrecherisch behandeln wie eine Aufforderung zum Mord, zum Raub oder zur Wiedereinführung des Sklavenhandels.

Das klingt abstrakt, ist aber konkret anwendbar: Wenn unsere westlichen Diskurse systematisch unterwandert werden von »Fake-News« aus russischen Trollfabriken, dann müssen wir uns dagegen wehren mit allen Mitteln des Rechtsstaats bis hin zu Verboten und Strafen. Wenn auf Demonstrationen in Wien die Auslöschung des Staates Israel gefordert wird, dann müssen solche Demonstrationen verboten und die Rufer strafrechtlich verfolgt werden. Wenn die Bedrohungen für unsere Demokratien durch Rechtsextremismus oder Islamismus zunehmen, müssen wir dafür Sorge tragen, dass ein starker und effektiver Verfassungsschutz die Szenen beobachtet und Maßnahmen ableitet – von Deradikalisierung, Integration und Inklusion bis hin zu einer Verschärfung des Strafgesetzes.

Wenn junge muslimische Menschen in Wien zunehmend intolerante Einstellungen an den Tag legen, die weder mit unserem Rechtsstaat noch mit unserer offenen Gesellschaft vereinbar sind, dann ist es fünf vor zwölf für echte Demokratiebildungsarbeit an Schulen. Die Zahlen sind durchaus dramatisch:[111] So stimmen 33 Prozent der jungen Menschen mit afghanischem Hintergrund der Aussage »Die Vorschriften meiner Religion stehen über dem Gesetz« sehr zu, weitere 22 Prozent eher zu. Für knapp die Hälfte der jungen Zugewanderten aus Afghanistan und Syrien ist Homosexualität »nie okay«. Mehr als die Hälfte der jungen Afghanen und Bosnier stimmen sehr oder eher der Aussage »Juden haben zu viel Einfluss auf der Welt« zu. Und 47 Prozent der jungen Menschen aus Afghanistan sagen, »Juden sind der Feind aller Muslime«.

Allein eine Gesinnung kann in einer Demokratie keine Strafe nach sich ziehen. Schulen aber können im Rahmen von Demokratieunterricht und als säkulare Räume sehr wohl Regeln für das Schulleben festlegen, die bei sonstigen Sanktionen eingehalten werden müssen.

Politische Organisationen, die sich klar gegen die Grundwerte unserer liberalen Demokratie stellen, müssen verboten und aufgelöst werden können. Das gilt selbstverständlich auch für Moscheen, in denen offen gegen unsere Werte gepredigt wird und Radikalisierung stattfindet. Und jedenfalls sollte der Staat nicht so dumm sein, die Natter an der eigenen Brust zu nähren: Jede Subvention von öffentlicher Seite muss an die Einhaltung bestimmter demokratischer Grundhaltungen geknüpft werden.

Die Feinde der Demokratien kommen von außen wie von innen. In beiden Fällen müssen wir dringend sehr ernsthaft über größere Wehrhaftigkeit nachdenken und entsprechende Schlüsse ziehen. Ein klarer Rechtsrahmen und starke Institutionen wie Polizei, Verfassungsschutz, Spionageabwehr, aber auch interkulturelle Arbeit und Bildung sind dabei wesentliche Grundvoraussetzungen für effektive Wehrhaftigkeit.

Neutralität allein schützt uns nicht

Wehrhaftigkeit bedeutet auch und gerade umfassende Landesverteidigung. Die Frage, ob eigentlich die »Zeitenwende« in Österreich angekommen ist, darf gestellt werden. Nach viel Druck auch durch NEOS wird an einer neuen Sicherheitsdoktrin gearbeitet, eine offene Diskussion ohne Tabus findet jedoch nicht statt.

Nur sehr zaghaft ist in den vergangenen Jahren immer wieder der Versuch unternommen worden, über den Status der Neutralität in Österreich zu sprechen. Sie wird von mancher Seite mystifiziert und geradezu gralshaft hochgehalten, von anderer Seite schändlich missbraucht.

Die Neutralität war die notwendige Grundbedingung der Sowjetunion dafür, dass Österreich 1955 wieder frei von Besatzungsmächten sein konnte. Aber schon damals war für Österreich klar, dass es um eine militärische, nicht eine politische Neutralität ging. So wurde Österreich Mitglied der UNO und später der EU samt Vollbeitritt zur Europäischen Sicherheits- und Verteidigungspolitik. Hier sollten sich die Menschen in Österreich zu Recht mehr Ehrlichkeit von Politikerinnen und Politkern erwarten: Unsere Neutralität hat sich natürlich durch den Beitritt zur EU verändert – gegenüber anderen EU-Mitgliedstaaten ist sie abgeschafft. Wer anderes behauptet oder sich alte Zeiten zurückwünscht, ist realitätsfremder Nostalgiker oder sagt schlichtweg nicht die Wahrheit. Wir sind Teil der Sicherheitsarchitektur Europas und haben selbstverständlich eine Beistandsverpflichtung.

Die Neutralität zur Zeit des Kalten Krieges hatte sicherlich einen Vorteil: Wir konnten in Österreich ungeniert die Friedensdividende für Soziales, Bildung oder anderes ausgeben – umringt von NATO-Staaten waren wir gut geschützt und mussten uns über unsere eigene Wehrhaftigkeit keine Gedanken machen. Diese Zeit ist nun vorbei. Der Angriff Russlands auf die Ukraine ist eine Zeitenwende und führt auch uns in Österreich vor Augen, dass Sicherheit ein fragiler Zustand ist. Das bedeutet, dass wir die jahrzehntelange Vernachlässigung der Landesverteidigung beenden müssen und sowohl in militärischer als auch in geistiger, ziviler und wirtschaftlicher Hinsicht unsere umfassende Landesverteidigung gewährleisten müssen.

Es ist daher hoch an der Zeit, unsere Sicherheitsstrategie so aufzustellen, dass wir gemeinsam mit unseren europäischen Partnern an einer stärkeren, gemeinsamen europäischen Sicherheitsarchitektur bauen. Gemeinsam sind wir stärker und wehrhafter. So ist der Schritt zur Teilnahme am gemeinsamen Luftabwehrsystem Skyshield richtig, zeigt jedoch, wie unsinnig Debattenverbote über die Neutralität sind, denn natürlich steht die Teilnahme in einem Spannungsverhältnis zum Status eines militärisch neutralen Staates. Wir müssen Sicherheit vom Ziel her denken, also ausgehend von der Frage, wie wir die Menschen in Österreich am besten schützen können.

Neutralität allein schützt nicht. Ein Aggressor, dem der Status der Neutralität egal ist, reicht aus, um uns wehrlos dastehen zu lassen. Effektiv geschützt wird Österreich derzeit von den Österreich umgebenden NATO-Staaten. Und somit ist eine schmerzhafte Wahrheit die, dass die Gewährleistung unserer Sicherheit nach Washington ausgelagert worden ist.

Will man aber die Wehrhaftigkeit Österreichs stärken, so kommt man an Kooperation und europäischer Solidarität nicht vorbei. Das erfordert eine ehrliche und aufrichtige Debatte über die Neutralität und zumindest ein Bekenntnis zur europäischen Beistandsverpflichtung. Dass sich ÖVP und SPÖ aus Angst vor der FPÖ, aus Nostalgiegründen oder aus ideologischer Zerrissenheit davor wegdrücken, ist ein sicherheitspolitischer Skandal.

Österreich muss deshalb nicht der NATO beitreten (auch über diese Frage sollte man jedoch offen diskutieren), aber in Europa ein verlässlicher Partner sein, auch und gerade um autonom und souverän die Zukunft der europäischen Sicherheits- und Verteidigungspolitik mitzubestimmen. »You're either on the table or on the menu«, heißt ein Zitat, das Al Capone zugeschrieben wird. Entweder du sitzt als Verhandlungspartner am Tisch, oder du stehst auf der Speisekarte.

Umfassende Landesverteidigung heißt aber ebenso wirtschaftliche Landesverteidigung. Auch diese wurde stark vernachlässigt. Sonst wäre es undenkbar, dass Österreich nach wie vor von einem Gaslieferanten, nämlich Russland, so dermaßen stark abhängig ist. Diese Abhängigkeit muss sowohl aus sicherheitspolitischen Überlegungen (wir sind erpressbar) als auch aus wirtschaftlichen Überlegungen (wir brauchen leistbare Gasversorgung und Versorgungssicherheit, und zwar trotz aller Bemühungen um eine Energiewende weg von fossilen Brennstoffen noch eine gute Zeit lang) sofort beendet werden. Politik braucht Leadership, wo Duckmäusertum und opportunistisches Zögern und Zaudern vorherrschen.

Auch hier komme ich zum Vertrauen zurück. Ein Vertrauen in Institutionen sowie ein Vertrauen der Menschen und auch der Politikerinnen und Politiker zueinander schafft den Raum dafür, in Zeiten sich ändernder Verhältnisse entsprechende Schlüsse zu ziehen und Politiken anzupassen. So hat das finnische Parlament 2023 dem NATO-Beitritt mit einer überwältigenden Mehrheit von 184 zu sieben Stimmen zugestimmt. Nur die Vertreter der Linksallianz und der einzige Vertreter der rechtsextremen Partei »Alle Macht dem Volke« waren dagegen. Diesem Ja war ein Prozess vorausgegangen, der alle Parteien mitnahm. Ich hatte die Gelegenheit, mit der ehemaligen finnischen Ministerpräsidentin Sanna Marin über diesen Prozess zu sprechen. Sie sagte mir, dass es gelungen sei, dass alle Parteien – auch die, die zuvor stets gegen einen NATO-Beitritt gewesen waren – erhobenen Hauptes aus den Verhandlungen gehen konnten. Getragen wurde dieser Prozess von einer breiten Welle der Zustimmung in der Bevölkerung. Auf meine Frage, wie das gegangen sei, sagte sie: »Wir in Finnland haben Vertrauen zueinander und ›Sisu‹!« »Sisu« ist ein finnischer Ausdruck für eine finnische Charaktereigenschaft. Am besten lässt sich das übersetzen mit »Wir haben Mut« oder »Wir haben Kraft und Ausdauer« oder ganz einfach »Wir haben Eier!«.

Schubumkehr unter den Parteien: Schluss mit Feindbildern!

Wie zuvor beschrieben ist das Feindbild zurück in der internationalen Politik. Aber auch in der Innenpolitik ist dasselbe Muster erkennbar. Der politische Mitbewerber ist nicht nur Gegner, nein, er ist der Feind.

»Wieso magst du mich nicht?«, soll Sebastian Kurz den damaligen Herausgeber und Chefredakteur des »Kurier« und mittlerweile NEOS-Politiker Helmut Brandstätter gefragt haben. Und gleich darauf: »Es muss dir klar sein: Du bist mein Freund – oder mein Feind.«

Dass ebendieser Sebastian Kurz vor Gericht im Prozess um seine mögliche Falschaussage meinte, dass ihn die Opposition zerstören wolle, passt also ganz gut ins doch recht einfache Weltbild des Exkanzlers.

Doch auch so manche Journalistinnen und Journalisten greifen diese türkise Erzählung gerne auf und zeichnen das Bild der aggressiven oppositionellen »Jagdgesellschaft«, die Kurz und Co derart eingeschüchtert hätte im Untersuchungsausschuss, dass diese nur versucht hätten, ja keine Fehler während der Befragungen zu machen. Die Protokolle sprechen eine andere Sprache. Da sitzt ein selbst- und machtbewusster Kanzler, der sich stellenweise über Abgeordnete der Opposition lustig macht. Die Fragen wiederum sind sachlich und bis auf Geschäftsordnungsdebatten auch nicht emotional.

Aber ich will nicht einseitig sein. Die Untersuchungsausschüsse wurden zunehmend zur Schlammschlacht und die nun im Wahljahr folgenden haben, wie schon gesagt, überhaupt nur noch den einen Sinn: den jeweils anderen anzupatzen. Auch wir NEOS sind bisweilen übers Ziel hinausgeschossen. Ich darf zwar für uns in Anspruch nehmen, niemals andere Politiker auf einer persönlichen Ebene angegriffen zu haben, dennoch haben Aussagen von mir wie »Die ÖVP hat nicht nur ein Korruptionsproblem, sondern sie ist eines« Menschen vor den Kopf gestoßen. Die Frage, die wir uns alle selbst stellen müssen, ist: »Sind wir in der Lage, immer noch den Menschen hinter dem Politiker zu sehen?« Und weiters: »Sind wir in der Lage, wieder auf einer ordentlichen Gesprächsbasis zusammenzuarbeiten?«

Tatsächlich brauchen wir eine Schubumkehr unter den Parteien. Es mag zwar das gesamte politische System nicht auf Kooperation aufgebaut sein, aber so wenig »miteinander« und so viel »gegeneinander« wie jetzt schadet letztlich der Demokratie und unserem Land. SPÖ und ÖVP müssen beide einsehen, dass nicht ihre Feindschaft gegeneinander, sondern ihre Kooperationsfähigkeit miteinander ein Schlüssel für den gelungenen Wiederaufbau Österreichs war. Regierungsparteien täten gut daran, nicht alle Anträge der Opposition zu vertagen und so im Stillen zu begraben, sondern auch für Gesetzesinitiativen, die keine Zweidrittelmehrheit brauchen, breitere Mehrheiten und generell das Gespräch zu suchen. In einem lebendigeren, selbstbewussteren Parlament müssten auch Abgeordnete der Regierungsfraktionen verlangen, dass mehr Materien dem Parlament zur Beratung und Verhandlung übergeben werden. Es ist etwa reichlich bizarr, dass ausgerechnet ein Transparenzgesetz hinter verschlossenen Regierungstüren verhandelt wurde und nicht breit im Parlament. Kooperation und damit eine grundsätzliche konstruktive Haltung bringen uns alle weiter. Auch im Kampf gegen den Populismus – den Geist, der stets verneint. Denn in einem Umfeld, das ständig die Hand reicht, fällt es zunehmend schwer, immer nur dagegen zu sein, ohne in Argumentationsnotstand zu kommen. Kooperationsfähigkeit ist also ein wichtiger Schlüssel für eine Politik, der die Menschen wieder vertrauen können. Freund-Feind-Denken hingegen nicht.

Loyalität zur Republik statt zur Partei

Ein Freund-Feind-Denken gibt es auch im Bereich der Ministerien. Anstatt auf das Fachwissen der Beamtenschaft zu bauen, trachten seit einiger Zeit Ministerinnen und Minister danach, möglichst viele »Verbündete«, also Parteifreunde in relevante Positionen in Ministerien zu hieven. Ich habe in der Einleitung beschrieben, dass die Aussage »Da wollen wir jemanden von uns« mich persönlich so störte und mich motivierte, NEOS mitzugründen. Aber abseits aller persönlichen Wertesysteme: Aufgeblähte Ministerkabinette, das zunehmende Umgehen der Beamtenschaft und parteipolitische Postenbesetzungen schaden der Qualität der Verwaltung und damit unserem Land.

Dazu kommt die sich häufende Praxis, dass Verwaltungstätigkeiten nicht entsprechend veraktet werden. Nach dem Misstrauensantrag gegen Kanzler Kurz wurden nicht nur Festplatten geschreddert, sondern ganze E-Mail-Postfächer gelöscht. Der Kalender des Kanzlers wurde dem Untersuchungsausschuss nicht vorgelegt, wohl auch nicht archiviert. Dadurch wird das Handeln der Verwaltung nicht mehr nachvollziehbar und es ist auch nicht überprüfbar, ob dabei die Grundsätze der Rechtmäßigkeit, Sparsamkeit und Wirtschaftlichkeit eingehalten werden. Ein idealer Nährboden für Korruption, aber auch um ein Land unter Kontrolle zu bringen. So wurde im Bundeskanzleramt eine Stabstelle Medien direkt bei Kanzler Kurz eingerichtet. Leiter der Stabstelle: Der ehemalige Kurz-Sprecher Gerald Fleischmann. Wie der Rechnungshof feststellte, dokumentierte die Stabstelle ihre Tätigkeit nicht aktenmäßig. Das E-Mail-Postfach wurde bereits vor der Prüfung gelöscht.[112]

Ein Schelm, wer denkt, dass diese gewollte Intransparenz und mangelnde Nachvollziehbarkeit etwas mit den

Millionenausgaben für Inserate zu tun haben. Ganz nach dem Grundsatz »teile und herrsche« wurden Inseratengelder verteilt, Medienmanager pilgerten ins Kanzleramt und holten sich ihren Teil vom Kuchen ab. Von Message Control zu Media Control ist es eben nur ein sehr kurzer Weg.

Die Initiative »Bessere Verwaltung«, der neben dem schon erwähnten ehemaligen Sektions- und Eurogruppenchef Thomas Wieser auch der Verfassungsrechtler Heinz Mayer sowie die ehemalige Präsidentin des Obersten Gerichtshofs (OGH) und Ex-NEOS-Politikerin Irmgard Griss angehören, hat 50 konkrete Vorschläge für mehr Transparenz und weniger Parteipolitik in der Verwaltung ausgearbeitet. Wesentliche Punkte sind transparente Postenbesetzungen, eine massive Verkleinerung von Ministerkabinetten, die Abschaffung der weisungsberechtigten parteipolitisch besetzten Generalsekretariate, eine zentrale unabhängige Aus- und Weiterbildungsakademie des Bundes sowie eine zentrale strategische Steuerung der gesamten Bundesverwaltung aus dem Bundeskanzleramt. Das Handeln der Verwaltung muss zudem nachvollziehbar sein. Beamtinnen und Beamte sollten daher verstärkt auf Schriftlichkeit von Weisungen drängen, und alle verwaltungsmäßigen Tätigkeiten müssen veraktet werden. Kalender, Korrespondenzen, E-Mail-Postfächer und selbstverständlich auch Messengerdienste von Diensthandys der Ministerinnen und Minister sollten archiviert werden. Ebenso Social-Media-Profile.

Letztlich sind aber häufigere Machtwechsel und mehr staatspolitisches Verantwortungsgefühl von allen Beteiligten der beste Garant für bessere politische Hygiene.

Transparenz, Rechenschaft und Verantwortung

Nun endlich wurde ein Transparenzgesetz (Informationsfreiheitsgesetz) im Parlament beschlossen. Nicht zu früh. Schon bei der ersten konstituierenden Sitzung des Nationalrats nach der Nationalratswahl 2013, am 29. Oktober 2013, durfte ich als frisch in den Nationalrat gewählte Abgeordnete den allerersten Antrag von NEOS einbringen. Es war der zur Schaffung eines ebensolchen Transparenzgesetzes.[113]

Damit soll das Amtsgeheimnis endlich der Geschichte angehören und ein grundlegender Paradigmenwechsel stattfinden: der Bürger nicht als Untertan und Bittsteller, sondern auf Augenhöhe mit Staat und Verwaltung, da Behörden von sich aus relevante Informationen veröffentlichen und Anfragen der Bürgerinnen beantworten müssen. Bürgerinnen und Bürger können so zu Kontrolleuren der »Mächtigen« werden, und wir wissen, dass Transparenz das sicherste Mittel gegen Korruption ist.

Das Gesetz sieht nun zwar umfassende Informationsfreiheit vor, könnte jedoch durch Bundes- und sogar Landesrecht eingeschränkt werden. Die Rechtsdurchsetzung ist allerdings für Bürgerinnen und Bürger schwer: Nicht ein Informationsfreiheitsbeauftragter ist hier Ansprechpartner für Bürgerinnen und Bürger, denen ein Zugang zu Information verwehrt wurde, sondern sie müssen sich auf ein kostspieliges Verfahren vor dem Verwaltungsgericht einlassen. Zudem soll es Ausnahmen von der Veröffentlichungspflicht für Gemeinden mit weniger als 5000 Einwohnern geben. Das ist nicht nachvollziehbar. Von insgesamt 2093 Gemeinden in Österreich haben gerade einmal 259 Gemeinden mehr als 5000 Einwohnerinnen und Einwohner. 1834 Gemeinden werden also zu »Dunkeldörfern«, in denen es keine umfassende Transparenz gibt. Immer noch, so hat man den Eindruck, wird es als Zumutung verstanden, wenn ein Bürger, eine Bürgerin Auskunft begehrt, wenn er oder sie wissen möchte, was eigentlich mit dem Steuergeld passiert und wie Entscheidungen zustandekommen. Dann heißt es von der Regierung, dass man sich gegen Transparenz nicht sperre, aber die Verwaltung dürfe auch nicht von Querulanten lahmgelegt werden. Mit so einer Einstellung aber würde die Verwaltung zum reinen Selbstzweck.

Österreich müsste jedoch noch weiter gehen. Auch die Parteikassen sollen vollends transparent sein. Das heißt, dass nicht nur der Rechnungshof in die Bücher von Parteien hineinschauen können soll, sondern dass Parteien dazu verpflichtet werden, ihre Einnahmen und Ausgaben für alle Bürgerinnen und Bürger offenzulegen. So lebt NEOS das seit unserer Gründung und damit sind auch Argumente wie »das ist nicht zu schaffen« vom Tisch gewischt, denn wenn eine kleine Partei wie NEOS – ohne viel Geld – das schafft, dann schaffen das die anderen wohl auch.

Auch parteinahe Vereine müssen vollständig transparent sein. Wir erinnern uns nur zu gut an Heinz-Christian Straches Anleitung auf Ibiza, wie man »am Rechnungshof vorbei« über Vereine der FPÖ-Gelder zukommen lassen könne. Und das wurde und wird weidlich in Österreich gemacht.

Die Parteienförderung gehört halbiert und freiwerdende Mittel sollen in eine echte Presse- und Medienförderung investiert werden, um echte Pressefreiheit abseits von Inseraten zu gewährleisten. Die Inseratenausgaben sollten im Gegenzug gedeckelt und ebenfalls umfassend transparent gemacht werden. Vieles ist hier schon besser als früher, gerade auch durch unsere Regierungsbeteiligung in Wien, wodurch dort die Ausgaben für PR und Werbung öffentlich gemacht werden. Aber da geht noch viel mehr. Last but not least dürfen keine Inserate der öffentlichen Hand oder staatsnaher Unternehmen in Parteizeitungen mehr erfolgen. Eine Regierungsfunktion ist kein Selbstbedienungsladen für Parteien, allein in Oberösterreich inserierten die ÖVP-Mitglieder der Landesregierung von 2020 bis 2023 um 325 000 Euro in eigenen ÖVP-Zeitungen![114]

Beim Kampf gegen Korruption muss Österreich noch viel mehr erreichen. Die unabhängige Justiz gehört gestärkt und Lücken im Strafrecht sind zu schließen – wie die Verurteilung wegen »Verabredung zu Korruption« oder eine korrespondierende Straftatbestimmung zum »Insiderhandel«, die es strafbar machen würde, wenn Politiker sich durch Informationen etwa zu Umwidmungen noch schnell ein Kleingartenhaus sichern und selber profitieren. Wie gesagt ist das Strafrecht immer die letzte ethische Richtschnur, und schon weit davor sollten klare Compliance Regeln mit entsprechenden Sanktionen für mehr Sauberkeit sorgen.

Österreich könnte darüber hinaus eine öffentliche Auftragsdatenbank einrichten und sogar so weit gehen wie die Slowakei: Aufträge der öffentlichen Hand müssen in ein öffentlich einsehbares Register eingetragen werden und sind erst dann wirksam.

Natürlich verlangt ein Mehr an Transparenz auch eine gewisse Transparenz-Kompetenz. Nicht jeder Auftrag an ein Unternehmen, das zum Beispiel ein Naheverhältnis zu einer Partei hat, ist a priori schon eine »Sauerei«. Nicht jedes öffentliche Inserat ist der Versuch, Medien zu kaufen. Transparenz-Kompetenz bedeutet auch, dass Parteien damit aufhören, ganz grundsätzlich das gesamte Feld Politik zur Schlammpfütze zu machen, dass es Respekt und Achtung vor dem Privat- und Familienleben gibt, dass aber auch alle Verantwortlichen in der Lage sind, jederzeit über das eigene Handeln nach dem Gebot der Sachlichkeit und Objektivität von Entscheidungen Rechenschaft abzulegen und dafür geradezustehen.

Bildungschancen für alle

Eine gerechte Gesellschaft kann nie und nimmer eine gleiche Gesellschaft sein. Es geht um gleiche Rechte, gleiche Würde und gleichen Zugang für jedermann zu Institutionen. Aber nicht die Gleichheit ist das Ziel, sondern die Gerechtigkeit. Der Ausdruck »Jedem das Seine« wurde in grotesk zynischer Weise von den Nationalsozialisten missbraucht. Es stand am Lagertor zum KZ Buchenwald geschrieben und war Ausdruck der Zerschlagung des universellen Menschenrechtsgedankens von gleichen Rechten und gleicher Würde. Dennoch muss es uns heute darum gehen, zu erkennen, dass gleiche Rechte und gleiche Würde noch lange nicht gleiche Chancen und gleichen reellen Zugang zu Institutionen bedeuten. Allein auf individuelle Leistung abzuzielen, blendet aus, dass manche gar nicht die Chance haben, die gleiche Leistung wie andere zu bringen.

Gleiche Chancen von Kindern gibt es nicht einmal mehr im Mutterleib oder im Kreißsaal. Prekäre finanzielle Lebenssituationen, Armut, mangelndes Wissen um Gesundheit und Prävention, Suchtproblematiken, aber auch psychische Krankheiten oder Pflegebedürfnisse führen dazu, dass manche Kinder mit ganz anderen Voraussetzungen ins Leben starten als andere.

Natürlich kommt den Eltern die entscheidende Verantwortung für ihre Kinder und die Chancen ihrer Kinder zu. Es nützt aber nichts, die Augen davor zu verschließen, dass einige Eltern das eben nicht in dem Ausmaß zuwegebringen, wie wir uns das gesamtgesellschaftlich vorstellen würden. Bildung ist eine gesamtgesellschaftliche Aufgabe. Es ist Aufgabe der Politik, daran zu arbeiten, dass jede und jeder die gleichen Chancen hat, mag es vielleicht auch utopisch sein. Wir müssen wesentlich härter daran arbeiten, denn wir haben in Österreich hier massiv Luft nach oben.

Das entlässt den Einzelnen nicht aus der Verantwortung, etwas aus den Chancen zu machen, und auch ein solidarischer Sozialstaat ist, will er nicht ein kollektivistischer Vollkaskostaat sein, auf die Mitwirkung und das eigenverantwortliche Engagement des Einzelnen angewiesen.

Ich war im Februar 2023 in Finnland und Estland unterwegs, um mir die dortigen Bildungssysteme, vor allem aber Schulen und Schulverwaltung in der Praxis anzusehen. Einer der ersten Eindrücke war, dass beide Länder die Frage »Wozu ein Bildungssystem?« ganz klar beantworten können: Es geht um eine egalitäre Gesellschaft und um Gerechtigkeit im Sinne von Chancengleichheit.

Bei der letzten PISA-Erhebung, die im Dezember 2023 präsentiert wurde, hat Österreich sogar noch schlechter als zuvor bei der Frage der Chancengerechtigkeit abgeschnitten. Insbesondere die Kluft zwischen Kindern mit Migrationshintergrund und solchen ohne wird größer, aber auch Kinder mit Eltern aus bildungsfernen Schichten fallen zurück.

Hoch an der Zeit also, im Bildungssystem einen echten Chancenturbo einzulegen. Das geht nur, wenn wir anerkennen, dass unterschiedliche Bedürfnisse auch unterschiedliche Ressourcen benötigen. Brennpunktschulen können nur dann zu den besten Schulen des Landes werden, wenn sie entsprechend ausgestattet sind. Mehr Mittel, die die Schulen autonom verwenden können, für mehr Lehrerinnen und Lehrer, innovative Projekte oder Schulsozialarbeiter und Schulpsychologinnen.

Gesellschaft ändert sich und immer mehr berufstätige Eltern stehen vor nur schwer bewältigbaren Herausforderungen, wenn Kinder mittags zu Hause auf ein warmes Essen warten. Für Kinder, deren Eltern arm sind, gibt es das dann oftmals auch nicht. Wenn wir Chancengerechtigkeit ernst nehmen, dann muss es flächendeckend jedenfalls in Kindergärten und Volksschulen das Angebot einer ganztägigen Betreuung mit einem gesunden, warmen und kostenlosen Mittagessen für alle Kinder geben. In Finnland und Estland, wo es kaum verpflichtenden Nachmittags-unterricht gibt, endet die Schule für die Schüler erst nach dem gemeinsamen Mittagessen im Klassenverband in der Schulkantine. Das stärkt auch das Gemeinschaftsgefühl, vermindert Kinderarmut und sorgt für mehr Chancenge-rechtigkeit. Ebenso sollten Schulmaterialien weit über das Schulbuch hinaus von den Schulen zur Verfügung gestellt werden. Kostenlos.

Migration und Schule

Mehr Geld allein wird es aber nicht richten. Kein Mensch sollte die Augen davor verschließen, dass Migration zu mas-siven Problemen im Schulsystem führt. Sowohl in Estland als auch in Finnland ist der Anteil von Menschen mit Mig-rationshintergrund niedriger als in Österreich, was bei uns auch zu anderen Herausforderungen führt. Unterschied-liche ethnische und kulturelle Herkunft ist dabei ein ganz entscheidender Faktor. Es geht schlicht und einfach darum, welchen Stellenwert Bildung hat. Starke Migration von Menschen aus bildungsfernen Schichten fordert unsere Schulen insbesondere in Ballungsräumen wie Wien stark.

Bei uns geht ohne Bildung nichts. Damit ist aber nicht nur der Fokus auf Matura oder eine akademische Aus-bildung gemeint. Ganz im Gegenteil: Um das Modell der Lehre beneiden uns viele Länder und »Karriere mit Lehre« ist kein hohles Schlagwort, sondern Wirklichkeit. Aber auch für eine Lehre müssen Grundrechnungsarten und ein bestimmtes Deutschniveau beherrscht werden. Gute Deutschkenntnisse sind essenziell und es ist inakzeptabel, dass Kinder, die in Österreich geboren wurden, nicht gut genug Deutsch sprechen, um dem Unterricht zu folgen.

Daher braucht es meiner Meinung nach eine Bildungspflicht ab drei Jahren, zumindest aber ein zweites verpflichtendes Kindergartenjahr für alle Kinder, und zwar nicht bloß für ein paar Stunden am Vormittag.

Im Idealfall erfolgt das Lernen der deutschen Sprache inklusiv in der Gruppe. Für Kinder, die das nötige Niveau nicht erreichen, braucht es verpflichtende Kurse am Nachmittag und in den Ferien. Und auch die Eltern müssen in die Pflicht genommen werden: Ein guter Lernerfolg geht nicht ohne das Zutun der Eltern. Daher sollten Eltern per Sanktionen verpflichtet werden, bei Elternsprechstunden, zu denen sie geladen sind, auch zu erscheinen.

Wie zuvor skizziert muss außerdem Demokratiebildung klar im Fokus stehen und ein klares Bekenntnis zur liberalen Demokratie und offenen Gesellschaft eingefordert werden. Homophobie hat ebenso keinen Platz wie Antisemitismus oder Frauenfeindlichkeit.

Im Jahr 2019 beschlossen ÖVP und FPÖ ein Kopftuchverbot an Volksschulen. Wenig überraschend hob der Verfassungsgerichtshof dieses 2020 mit der Begründung auf, dass man weltanschauliche Neutralität nicht selektiv in Bezug auf eine bestimmte religiöse Gruppe anwenden könne. Eine weltanschaulich neutrale Schule ist also möglich, nur müsste sie dann generell alle religiösen Bekleidungsvorschriften umfassen, wie wir NEOS das auch vorgeschlagen hatten.

Freie Schulen und befreite Lehrer

Nichts ist so wichtig und wertvoll wie gute Lehrerinnen und Lehrer, die an dich glauben und dich in deinen Stärken fördern. »Lehren bedeutet, ein Feuer zu entfachen, und nicht einen leeren Eimer zu füllen.« Dieses Heraklit zugeschriebene Zitat zeigt, wie wichtig es ist, Interesse zu wecken und Potenziale zu stärken, anstatt an Schwächen herumzudoktern. Standardisierte Tests sind zwar gut, um Vergleichbarkeit zu schaffen, aber das Lernen rein für die Zentralmatura ist wenig sinnvoll. Insofern ist eine Debatte über die Zukunft der Matura zu begrüßen, das Kind sollte jedoch nicht mit dem Bade ausgeschüttet werden. Mehr Flexibilität, Modularität und mehr individuelle Schwerpunktsetzung durch die Kinder: ja, aber keine generelle Abschaffung der Matura.

Ich habe vor Jahren ein Video des Kabarettisten Eckart von Hirschhausen gesehen. Darin erzählt er, dass er in einem Zoo einen Pinguin betrachtete, der auf einem Felsen stand – und er hielt ihn für eine »Fehlkonstruktion«. Ein untersetzter Körper, kann nicht fliegen, die Knie fehlen und er watschelt unbeholfen in der Gegend herum. Und dann sprang der Pinguin ins Wasser – wo er sich pfeilschnell und höchst elegant bewegte. Das gilt auch für Menschen. Ein Pinguin kann sich noch so sehr bemühen, er wird nie zu einer Giraffe werden. Ein Schüler mit einem großen mathematischen Talent, aber Schwierigkeiten bei kreativen Dingen wird nie ein großer Künstler werden.

Um die Talente, Neigungen und Begabungen von Kindern zu stärken, braucht es vor allem eines: mehr Vertrauen. Allen voran Vertrauen in Lehrerinnen und Lehrer. Schulen sind jedoch keine Orte der Freiheit, an denen sich Lehrer und Schulleiterinnen unabhängig bewegen können und autonom Entscheidungen treffen können. Schritte in Richtung

Schulautonomie sind gemacht worden, aber noch viel zu zaghaft. Echte Schulautonomie mit echter pädagogischer, budgetärer und auch personeller Freiheit würde das enge Korsett an österreichischen Schulen sprengen. Vertrauen statt Kontrolle wäre die Devise. Das verlangt insbesondere der Schulleitung viel ab und geht mit Sicherheit nicht von heute auf morgen. Es würde aber auch die Lehrkräfte von den Bergen an Bürokratie befreien, die sie zu bewältigen haben. Eine repräsentative Erhebung im Auftrag von NEOS durch den Meinungsforscher Peter Hajek hat ergeben, dass 93 Prozent der Lehrkräfte sich wünschen, dass sich etwas im Schulsystem verändert, um ihren Arbeitsalltag zu erleichtern. Mehr als die Hälfte geben an, dass eine Verringerung der Bürokratie und des Verwaltungsaufwands ihre Arbeitssituation erheblich verbessern würde. 18 Prozent sind der Meinung, dass Schulpsychologinnen oder Sozialarbeiter eine wichtige Unterstützung wären. Knapp 70 Prozent wünschen sich mehr Gestaltungsspielraum und sagen, es gebe zu viele Erlässe und Vorgaben und zu wenig Zeit für die eigentliche Aufgabe von Lehrkräften, nämlich in der Klasse zu stehen und Kinder zu unterrichten.

Bei unserem Besuch in Estland fragte unsere Bildungssprecherin Martina Künsberg eine Lehrerin, inwieweit Eltern selbst Nachhilfe geben müssten bzw. wie viel Eltern für private Nachhilfe ausgäben. Die Lehrerin sah uns verblüfft an und sagte: »But that's our job!« Es liegt also im Selbstverständnis der Lehrkräfte in Estland (wie auch in Finnland), dass sie selbst verantwortlich sind für den Lernerfolg ihrer Schülerinnen und Schüler. Entsprechend werden auch Angebote bereitgestellt. Was bei uns wie eine (speziell mit der Lehrergewerkschaft) nicht machbare Utopie klingt, ist in diesen Ländern Realität. Und so geben auch weit mehr Lehrkräfte in Estland und Finnland an, dass sie das Gefühl haben, in ihrer Arbeit von der Gesellschaft wertgeschätzt zu werden.

Daher muss auch der Hebel, um das Bildungssystem zu revolutionieren, bei hochqualitativen Pädagoginnen und Pädagogen und ihrer Ausbildung angesetzt werden. Eine Ausbildung, die es schafft, dass wirklich die am besten Geeigneten den Lehrerjob antreten und somit auch ihr Standing steigt. Insgesamt müssen die Lehrkräfte deutlich mehr Handlungs- und Entscheidungsspielraum bekommen, damit sie auch Wirksamkeit in der Schule entfalten können. Derzeit kommen Pädagoginnen in ein System, das ihnen Schulbürokratie aufbrummt, sodass sie neben dem Schreiben von Listen und Protokollen kaum noch dazu kommen, sich um die Kinder zu kümmern. Es ist frustrierend, auch weil es völlig irrelevant ist, ob er oder sie die Extrameile geht oder nicht. Es gibt keine Wertschätzung für Engagement, es gibt keine Entwicklungsmöglichkeiten, keine Optionen auf Führungsaufgaben. Deshalb bräuchte es eine viel stärkere Autonomie – auch personelle Autonomie mit starken Schuldirektorinnen und -direktoren mit einem Führungsteam von Lehrkräften.

Bildung hat nichts mit Verwaltung zu tun

Ich möchte gerne einen Schritt weiter gehen: Schulen gehören raus aus der allgemeinen Verwaltung. Bildung hat nichts mit Verwaltung zu tun. Klar, es muss Ziele geben sowie einen gesetzlichen Rahmen und eine Qualitätskontrolle. Aber das Bildungswesen mit den Instrumenten der Verwaltung zentral dirigieren zu wollen, also über Verordnungen und Erlässe, das ist überholt. Es geht um Partnerschaft und Vertrauen. In Estland beispielsweise ist eine Bildungsagentur für die Entwicklung neuer Bildungsprogramme zuständig, in enger Kooperation mit den Universitäten. Das passiert nicht in der Politik oder der Verwaltung.

Qualitätskontrolle ist ein Muss genauso wie Transparenz. Schulen und Lehrkräfte müssen sich in ihren Ergebnissen messen und vergleichen lassen. Wie schneiden die Schülerinnen ab bei den Tests? Wie viele Schüler wechseln in eine höherbildende Ausbildung? Wie viele Schülerinnen und Schüler sind von Mobbing betroffen? AMS-Chef Johannes Kopf hat eine »Balanced Score Card« für alle Schulen vorgeschlagen.[115] Eine gute Idee! Wer weiß, ob nicht am Ende die angebliche Brennpunktschule in Wien-Favoriten unter den besten Schulen sein kann?

Last but not least möchte ich noch auf die Trennung der Schülerinnen und Schüler mit zehn Jahren in Gymnasium und Mittelschule zurückkommen. Das ist entwicklungspsychologisch zu früh, denn auch individuelle Stärken und Interessen zeigen sich erst im Laufe der Pubertät, wodurch eine frühe Entscheidung für einen Bildungsweg wenig sinnvoll scheint. Außerdem wird damit der Druck schon auf die Volksschulen gelegt, und vor allem in Ballungsräumen wie Wien versuchen bildungsaffine Eltern alles, damit ihr Kind in ein Gymnasium gehen kann. Gymnasien werden so zu Gesamtschulen für Kinder von bildungsaffinen und oft auch ökonomisch besser gestellten Eltern. Das verschließt zudem häufig Bildungswege in technischen Bereichen, denn es ist bequemer, im Gymnasium zu bleiben, als auf eine HTL zu wechseln. In den jahrzehntelangen »Stellungskrieg« »Gesamtschule ja/nein« zwischen ÖVP und SPÖ ist keine Bewegung gekommen. Eine mögliche Lösung wäre eine autonome, binnendifferenzierte Mittlere Schule mit einer Mittleren Reife für alle. Ein anderer möglicherweise gangbarer Kompromiss wäre es, die Volksschule um zwei Jahre und die darauffolgende Sekundarstufe 1 um ein Jahr bis 15 zu verlängern.

Den größten Nacholbedarf hat Österreich jedenfalls im Bereich der Elementarpädagogik, bei Kindergärten und Kinderkrippen. Skandinavische Länder sind uns hier Jahrzehnte voraus.[116] Insbesondere bei der Betreuung von unter dreijährigen Kindern sowie bei Betreuungsplätzen, die mit einer Vollzeit-Erwerbstätigkeit von Eltern vereinbar sind, ist das Aufholpotenzial enorm. Speziell für Mütter bedeutet das Versagen des Staates in diesem Bereich stets mangelnde Wahlfreiheit, ein Zurückstecken-Müssen im Beruf und damit auch mangelnde finanzielle Absicherung im Alter. Die Regierung hat hier zusätzliche Mittel von 4,5 Milliarden Euro bis 2030 versprochen, das wird aber insbesondere beim Ausbau der Qualität nicht reichen.[117] Wir benötigen ein »Bürgerrecht auf Bildung«, wie dies Ralf Dahrendorf schon vor über 50 Jahren formulierte. Ein Schritt in diese Richtung wäre ein Rechtsanspruch auf einen elementaren Bildungsplatz ab dem ersten Geburtstag des Kindes.

All das kostet Geld. Zweifelsohne gibt Österreich schon sehr viel Geld für Bildung aus. Das Herauslösen aus der Verwaltung brächte zwar mehr budgetären Spielraum, ohne weitere Investitionen wird es aber selbst bei deutlicher Effizienzsteigerung nicht gehen. Investitionen in unsere Kinder und in die Zukunft, die sich jedoch lohnen und dringend nötig sind, will man Generationengerechtigkeit leben.

Ein neuer Generationenvertrag zwischen Jung und Alt

Jahr für Jahr erheben wir NEOS die so genannte »Zukunftsquote«[118] beim Budget, also jenen Anteil der Ausgaben des Bundes, der Investitionen in die Zukunft darstellt. Dieser liegt regelmäßig selbst in der weiten Variante bei nicht einmal 21 Prozent.[119] Also nur jeder fünfte ausgegebene Euro fließt in echte Zukunftsinvestitionen wie Bildung und Kinderbetreuung, aber auch Infrastruktur oder Energiewende. Im Gegenzug steigen die Zinszahlungen für staatliche Schulden massiv an und die Zuschüsse zur Finanzierung der Pensionslücke im Umlagesystem explodieren, wie schon beschrieben.

Maßnahmen für Bildung, Forschung, Innovation, aber auch Infrastruktur und den nötigen Kampf gegen den Klimawandel steigen hingegen nicht in diesem Ausmaß an. Die Klimaziele werden so mit Sicherheit verfehlt.

Hier sind wir mitten im Generationendilemma. Politikerinnen und Politiker wollen Wählerinnen und Wähler nicht vergraulen und treffen Entscheidungen mit sehr kurzem Horizont. Viele Probleme werden in die Zukunft verschoben – und haben sich so immer mehr angehäuft.

Fangen wir beim Kern eines jeden Generationenvertrags an: beim Pensionssystem. Wir leben Gott sei Dank immer länger, arbeiten jedoch nicht länger. Seit 1970 ist die Lebenserwartung bei Frauen und Männern um rund sieben Jahre gestiegen, das Pensionsantrittsalter jedoch sogar leicht gesunken. Die Pensionen sind daher nur insoweit für die Zukunft sicher, als der Staat jedes Jahr mehr und mehr aus dem Budget zuschießen muss. Geld, das natürlich für andere Bereiche fehlt. Von der Bildung bis zur Gesundheit, von der Energiewende bis hin zum Spielraum für dringend nötige steuerliche Entlastungen.

Das Beratungsinstitut Mercer, das hierzulande immer gerne dann zitiert wird, wenn es Wien erneut zur lebenswertesten Stadt der Welt kürt, hat 44 Länder und deren Pensionssysteme verglichen[120] und kommt zum Schluss: Das österreichische ist am wenigsten nachhaltig. Österreich landet hier auf dem unrühmlichen letzten Platz. Nein, die Pensionen sind nicht sicher, und junge Menschen wissen dies intuitiv. Viele glauben nicht mehr daran, eine Pension zu bekommen. Ohne Reformen jedenfalls, und die müssen dringend her.

Unser Pensionssystem fußt auf dem Gedanken, dass junge Menschen in einer Zeit des Aufschwungs und Wachstums es beständig besser haben werden als ihre Eltern. Von diesem intergenerationalen Aufstiegsversprechen ist wenig übrig. Laut der Studie »Junges Europa 2023« glauben mehr als die Hälfte der jungen Menschen in Europa nicht daran, dass sie es hinsichtlich Einkommen und Lebensstandard besser haben werden als die Elterngeneration.[121]

Galt es früher, ältere Menschen in der Pension abzusichern, finanziert von den Beiträgen der Erwerbstätigen, müsste nun eine ernsthafte Debatte darüber ausbrechen, wie man die Chancen der Jungen absichern kann. Parteien aber, die ständig auf den immer größer werdenden Teil der älteren Wahlbevölkerung schauen, lassen die Jungen im Stich. Und so merken viele Eltern und Großeltern, dass es ohne regelmäßige finanzielle Zuwendungen, ohne ein Unter-die-Arme-Greifen bei ihren Kindern und Enkeln nicht gehen wird. Sicher, ein Teil der Jungen wird einmal erben. Aber wann? Die längere Lebenserwartung verschiebt auch diesen Zeitpunkt. Und eben nicht alle werden erben. Wir müssen alles daransetzen, dass ein Aufstieg aus eigener Leistung wieder möglich wird. Dazu sind wir wirtschaftspolitisch in der Verantwortung, durch Innovation Wachstum entkoppelt von steigenden CO_2-Emissionen zu schaffen sowie durch Produktivität und einen reformwilligen Staat dafür Sorge zu tragen, dass die Nettolöhne wieder deutlicher steigen.

Ein neuer Generationenvertrag als »Pakt des Vertrauens« zwischen Jung und Alt muss aber vor allem auch ein klares Bekenntnis zu den Klimazielen beinhalten. Über Jahrzehnte wurde Wachstum auf Kosten der heute Jungen und ihrer Zukunft betrieben. Die Erderwärmung schreitet in einer ungeheuren Dynamik voran und getan wird nach wie vor viel zu wenig. Die Zeche werden die Jungen zu zahlen haben. Die wissen das, und bei vielen macht sich Wut und Ohnmacht breit.

Kampf gegen den Klimawandel als Chance

Machen wir uns nichts vor: Österreich wird die selbst gesteckten Klimaziele krachend verfehlen, wenn es so weitergeht. Viel schlimmer noch: In einer Zeit, in der alles zum Kulturkampf wird, wird auch der Kampf gegen den Klimawandel zu einem solchen. Und zwar nicht nur entlang der Frage, ob er überhaupt menschengemacht ist; sondern auch, inwieweit wir hier Maßnahmen setzen sollen. Fakt ist: Der Klimawandel ist menschengemacht und wir sind in der Pflicht, etwas zu tun. Aber was ist zu tun? Hier gibt es zwei Denkschulen. Die eine sagt, wir müssen uns in Verzicht üben, und die andere, wir sollten rein auf Innovation setzen. Ich bin der Meinung, es wird auf eine Mischung von beiden hinauslaufen. Ich glaube, es wird mit ausschließlich Innovation nicht funktionieren, sondern auch ordnungspolitisch regulatorische Eingriffe brauchen, beispielsweise um ein Ende des Verbrennungsmotors zu bewirken. Zusätzlich kann man Marktmechanismen wie die Einführung einer CO_2-Steuer nutzen, um dann entsprechende Anreize zu setzen. Wenn Preise steigen, findet auch Innovation statt.

Gleichzeitig möchte ich dafür plädieren, auch die wirtschaftlichen Chancen zu sehen, die in Innovation liegen. Europa hat in kaum einem Bereich echte Technologieführerschaft. Nicht bei der Digitalisierung, nicht im Bereich KI, nicht bei den sozialen Medien und Plattformen. Und jetzt gibt es diesen Ansatz des Green Deals in Europa, der natürlich ein Stück weit protektionistisch ist. Aber dieser Green Deal sagt auch: »Nutzen wir die Chance, werden wir Technologievorreiter, kriegen so die Energiewende hin und halten gleichzeitig die Industrie in Europa!« Denn das ist wichtig: ein klares Bekenntnis zum Industriestandort Europa. Hier liegen enorme Chancen – sofern Europa nicht wieder tatenlos zuschaut, wie die US-Amerikaner oder auch die Chinesen die Energiewende massiv vorantreiben und letztere den Markt mit Elektroautos überschwemmen, während Europa an den Verbrennungsmotoren festhält. Und damit wird auch die Frage, warum Europa im Kampf gegen den Klimawandel vorangehen muss, beantwortet. Europa kann dadurch wieder einmal den Anspruch erheben, Technologieführerschaft zu erlangen. Angesichts der enormen drohenden Risiken, die das Verfehlen der Klimaziele mit sich bringen würde, und angesichts der enormen Kosten, die dann auf uns zukämen, muss auch klar gesagt werden: Der Kampf gegen den Klimawandel ist auch eine ökonomische Frage.

Sie lässt sich aber mit Sicherheit nicht mit einem generellen Verzicht, einem moralisch aufgeladenen Blaming und Shaming oder gar dem Eintreten für ein Schrumpfen der Wirtschaft beantworten. Degrowth ist ein Schlagwort so mancher Klimaaktivistinnen und -aktivisten, der Begriff wird aber oft unterschiedlich verwendet.

Fakt ist: Unsere Systeme, vom Sozial- bis zum Pensionssystem, fußen auf Wachstum. Unbestritten besteht eine hohe Korrelation zwischen BIP und Faktoren wie Bildung und Lebenserwartung.[122] Der Aufruf, auf Wohlstand zu verzichten, kann so nur von denen kommen, die in einer Gesellschaft im Wohlstand leben. Mit dem moralischen Zeigefinger durch die Welt zu fahren und Entwicklungsländern auszurichten: »Hört mal, wir haben jetzt genug produziert und konsumiert. Jetzt ist mal Schluss damit, auch für euch!«, ist simpel nicht möglich und würde die Welt vor kaum lösbare soziale Probleme stellen.

Die gute Nachricht: Eine Entkoppelung von Wirtschaftswachstum und CO_2-Emissionen ist möglich! Das Jahr 2014 war das erste seit Jahrzehnten, in dem die Wirtschaft global wuchs und die Treibhausgas-Emissionen der Energiebranche dennoch sanken.[123] In Österreich sinken die Treibhausgas-Emissionen seit 2005. Zu zaghaft, aber ein Wendepunkt.

Völlig klar ist, dass wir nachhaltigen wirtschaftlichen Wohlstand nur dann sichern, wenn wir ökologische Nachhaltigkeit erreichen. Aber auch umgekehrt.

Das BIP als alleiniger Indikator reicht jedoch nicht aus, um den Unterschied zwischen quantitativem Wachstum und qualitativem Wachstum darzustellen. Zunehmender Ressourcenverbrauch und steigende CO_2-Emissionen müssen der Vergangenheit angehören, und eine Wirtschaft, die auf diesen Prinzipien fußt, muss sich transformieren, sonst wird das ein böses Ende nehmen. Es ist nötig, dass wir Wirtschaftswachstum durch technologischen Fortschritt und vor allem auch durch Innovation und Entbürokratisierung vom »physikalischen« Wachstum, also rein quantitativer Expansion, und der damit verbundenen Ausbeutung unserer Ressourcen entkoppeln. Andere Wohlstandsfaktoren wie Gesundheitssystem, Bildung, Bodenschutz und natürlich Emissionen müssen zusätzlich zum BIP als ergänzende Indikatoren abgebildet werden. Selbstverständlich ist es somit auch notwendig, negative Umweltfolgen als Kosten darzustellen (zu internalisieren). Vor Jahren haben wir NEOS deshalb einen neuen Indikator »Neuwind« präsentiert, der als wesentlich holistischerer Ansatz zur Wohlstandsmessung entwickelt wurde.[124] Ich verspreche, das werden wir weiterverfolgen.

So groß die Chancen durch Innovation auch sind – Klimaschutz darf man nicht über alles stellen. Man darf ihn nicht über den sozialen Zusammenhalt, nicht über den wirtschaftlichen Wohlstand stellen, sondern sollte all das immer gemeinsam denken. Andere, zusätzliche Messgrößen zum BIP sind dringend nötig, »Ökosozialismus« ist jedoch keine adäquate Antwort. Deshalb halte ich auch hier eine Abwägung in der erwähnten Kulturkampffrage für nötig. Weder nutzen uns die Klimakleber noch die Klimaleugner.

Stoppt den zügellosen Bodenverbrauch!

Viele Maßnahmen sind kostenlos und vor allem auch in Österreich allein umsetzbar. Beispiel Bodenschutz und Bodenversiegelung: In Österreich werden derzeit rund zehn Hektar pro Tag versiegelt.[125] Das entspricht einer Fläche von mehr als 14 Fußballfeldern – wie gesagt: pro Tag! Eine effektive Bodenschutzstrategie ist also dringend nötig.

Dass die Gemeinden allein eine solche Strategie entwickeln, ist nicht realistisch. Zu groß ist der Anreiz, etwa auch über die Kommunalsteuer Gewerbegebiete zu widmen und so immer mehr Fläche zu versiegeln. Dass die Widmungskompetenz der Gemeinden auch ein Einfallstor für Korruption ist, hat der Fall des Bürgermeisters und Gemeindebundpräsidenten Alfred Riedl eindrücklich gezeigt. Deshalb braucht es eine Bundeskompetenz »Bodenverbrauch«, durch die der Bund klare Vorgaben zum österreichweiten Bodenverbrauch schaffen kann und damit die alleinige Kompetenz und Macht der Bürgermeister und Gemeinden einschränkt. Eine einfache Lösung wäre, bestehende Gebäude oder ein bestehendes Areal zu nutzen, statt in ganz Österreich wild drauflos Grünflächen zu versiegeln. Weiters müssen finanzielle Anreize über den Finanzausgleich gesetzt werden. Beispielsweise indem die Gemeinden, die sich nicht an die Bodenverbrauchsstrategie halten, weniger Geld bekommen. Möglich, ja vielleicht nötig ist auch eine Reform der Grundsteuer. Anstatt auf den reinen Bodenwert zu setzen, sollten Anreize zur Verdichtung und zur Entsiegelung mit einer Reform der Grundsteuer gesetzt werden.

Energiewende: Mehr Tempo!

Der Klimawandel greift nicht nur die Grundlagen unseres Lebens an, gefährdet unsere Gesundheit und wird Millionen Menschen aus verschiedenen Regionen der Welt vertreiben. Der Klimawandel greift auch die Grundlage unseres Wohlstands an. Das sei vor allem auch jenen ins Stammbuch geschrieben, die einen Kulturkampf um die Frage führen und mit Gründen wie »Was soll ein kleines Land wie Österreich schon ausrichten können?« pauschal jegliche Verantwortung von sich weisen wollen. Aber auch jenen, die ausschließlich moralische Argumente bemühen.

Schauen wir auf die Zahlen: Eine Schätzung der europäischen Umweltagentur basierend auf den Zahlen von Rückversicherungen geht davon aus, dass sich die von Klimawandel und Extremwetterereignissen verursachten Kosten zwischen 1980 und 2021 in der EU auf über 560 Milliarden Euro[126] beliefen. In Österreich widmete sich das Forschungsprojekt COIN (Costs of Inaction)[127] 2015 der Frage nach den voraussichtlichen jährlichen Schäden in Österreich pro Jahr. Demnach steigen in einem – durchaus konservativ gerechneten – Szenario die jährlichen Kosten auf bis zu 5,2 Milliarden Euro – mit steigender Tendenz. Die Zahl der Hitzetoten nimmt zu, was auch die Statistik Austria belegen kann.[128] Zusätzlich steuern wir auf massive budgetäre Zusatzkosten zu: Wenn Österreich wie erwartet die Emissionsziele verfehlt, muss der Staat im Rahmen des »Effort-Sharing« um Milliarden Euro Zertifikate zukaufen und Strafzahlungen drohen.

Markt und Kampf gegen den Klimawandel sind keine Gegner, im Gegenteil: Wenn wir die Kosten berücksichtigen und entsprechend einpreisen, dann findet Innovation statt. So hat – bei allen negativen Konsequenzen für

Inflation und Haushalte – ein höherer Preis für Öl und Gas den Effekt, dass Investitionen in Erneuerbare Energien rentabler werden. Marktmechanismen muss man nutzen. Daher haben wir NEOS uns immer klar zu einer CO_2-Bepreisung oder zu Modellen wie einem Zertifikatehandel bekannt. Dadurch können die Kosten der Erderwärmung besser eingepreist werden – und auch klare Signale gesetzt werden, dass alternative Energien, ressourcenschonende Reproduktion, Kreislaufwirtschaft etc. rentabler werden.

Die Energiewende ist das größte Projekt, das uns gelingen muss. Dafür haben wir nicht besonders viel Zeit und die infrastrukturellen Voraussetzungen sind noch nicht gegeben. Das muss man in aller Klarheit sagen. Unsere Stromnetze sind in Österreich noch lange nicht hinreichend ausgebaut, um wirklich die Energiewende stemmen zu können. Oder vereinfacht gesagt: Würden wir alle auf Elektroautos umsteigen und die massive Elektrifizierung der gesamten Industrie vorantreiben, dann würden unsere Netze und die bisherige Stromproduktion simpel nicht ausreichen. Deswegen muss der Energiewende und dem Netzausbau ganz klar Priorität eingeräumt werden. Hier ist der Staat gefordert, denn das sind dringend nötige Investitionen in die Zukunft, um das Ziel, bis 2040 klimaneutral zu werden, auch wirklich zu erreichen.

Für Projekte im überwiegend öffentlichen Interesse, wie Netzausbau, Bahninfrastrukturausbau oder auch Windparks und Solaranlagen, muss nicht nur mehr passieren, wir brauchen auch deutlich beschleunigte Verfahren im Wege eines Infrastrukturbeschleunigungsgesetzes. Hier muss sich die Politik entscheiden: Bürgerbeteiligung ist wichtig, sollte aber nicht dazu führen, dass wichtige Projekte über Jahre gelähmt werden.

Und das betrifft nicht nur Österreich, sondern muss auch europäisch gedacht werden. Die Kleinteiligkeit des geografischen Raumes von Nationalstaaten mag zwar im Sinne der Subsidiarität ganz spannend sein, aber wenn es darum geht, wettbewerbsfähig zu bleiben gegenüber den USA, China oder Indien, dann stoßen wir auf nationaler Ebene an unsere Grenzen.

Bekenntnis zur heimischen Industrie

Um wettbewerbsfähig zu bleiben, um Arbeitsplätze und Wohlstand zu sichern, müssen wir ein klares Bekenntnis zur heimischen Industrie, zur Produktion in Europa, abgeben. Selbst mit steigender Bedeutung des Dienstleistungssektors: Niemand kann wollen, dass Europa zu einer Art Freilichtmuseum wird, in dem in dem wir den Wohlstand vergangener Zeiten bewundern können.

Rauchende Schlote sind dabei Vergangenheit, Technologieführerschaft unsere Zukunft. Ohne jetzt das Kind mit dem Bade auszuschütten und ohne dem Protektionismus das Wort zu reden: Faktum ist, dass die USA und China stark protektionistisch aufgestellt sind, und Europa hat über weite Strecken der Globalisierung so getan, als wäre es egal, wo etwas produziert wird. Doch es macht einen Unterschied, ob ich die Halbleiterproduktion in Europa habe oder ob ich von Lieferanten aus den USA, Taiwan oder Südkorea abhängig bin. Insbesondere im High-Tech-Bereich müssen die Rahmenbedingungen wie auch der Zugang zu Kapital gestärkt werden.

Die EU hat dies erkannt und in den letzten Jahren mit dem Green Deal, dem mehrjährigen Finanzrahmen und dem Programm »Next Generation EU« enorme Geldmittel mobilisiert. Die damit einhergehende Bürokratie jedoch macht aus der guten Absicht noch keine gute Tat. Gleichzeitig stieg das Bewusstsein, dass die EU eine autonome Rohstoffstrategie benötigt.

Wir brauchen keine völlige wirtschaftliche Entkopplung von Ländern wie China, sondern eine neue strategische Wirtschafts-, Außenwirtschafts- und Ressourcenpolitik, die sich damit beschäftigt, wie wir Technologie-Know-how in Europa halten und Zugang zu Rohstoffen sichern.

Das ändert aber nichts daran, dass die Rahmenbedingungen für die Industrie schlecht sind: weitaus höhere Energiekosten (vor allem in Österreich) und strenge, überbordende bürokratische Auflagen. Gute Industriepolitik sollte sich nicht mit dem Erhalt von Strukturen beschäftigen, sondern mit der Erleichterung des Wandels. Dabei sollte der Fokus vor allem auf die Energiewende und das Senken von Energiekosten gelegt werden. Ein Ausbau der Netze, das Vorantreiben der Energiewende, beschleunigte Verfahren und Entbürokratisierung sind wie erwähnt dabei nötig. Subventionen von Energiekosten hingegen haben langfristig keinen Sinn, im Gegenteil. Damit würden Anreize zur Bewahrung des Status quo gesetzt.

Was wir brauchen, ist ein stärkeres Bekenntnis zu Freihandelsabkommen, die auch soziale und ökologische Aspekte berücksichtigen. So kann ich das mit Ausnahme von NEOS parteiübergreifende »Nein« zu Mercosur nicht nachvollziehen. Mit wem wollen wir denn Handel treiben? Wo sollen die Produkte unserer heimischen Industrie gekauft werden? Und wie kann denn besser Druck ausgeübt werden, dass soziale und Klimaschutzstandards eingefordert und eingehalten werden, als über Abkommen? Regelmäßig stehe ich in Diskussionen zum Thema Handelsabkommen allein da und bin verwundert, dass es manchen offenbar genügt, ihrer Empörung über die Abholzung des Regenwalds via Twitter Ausdruck zu verleihen, anstatt effektive Politik voranzutreiben, die eben auch Verträge beinhaltet.

Bürokratie ist das Misstrauen des Staates gegenüber Bürgern und Unternehmen

Europas Chance auf Technologievorherrschaft kann aber nur genutzt werden, wenn nicht überbordende Regularien die Industrie behindern. Natürlich braucht ein gemeinsamer Markt auch gemeinsame Regeln und Normen. Doch zu viel Bürokratie ist Misstrauen des Staates gegenüber dem Bürger und zu starre Regeln hemmen auch Innovation: So stehen gerade Start-ups immer wieder vor regulatorischen Hindernissen wie der österreichischen Gewerbeordnung. Innovation passiert gerade nicht in einem starren Rahmen, sondern dort, wo mit neuen Ansätzen Rahmen durchbrochen werden. Die Frage, die eine moderne Gewerbeordnung leiten müsste, ist: Geht es wirklich um den Schutz von Leib und Leben, wodurch hohe Hürden gerechtfertigt sind, oder geht es vielfach nicht eher darum, Wettbewerb zu verhindern?

Gerade die Klein- und Mittelbetriebe in Österreich (KMU), die das Rückgrat der heimischen Wirtschaft darstellen, müssen durch Deregulierung und Entbürokratisierung gestärkt werden. Immer mehr Auflagen können nur noch von größeren Unternehmen oder Konzernen gestemmt werden, die sich spezialisierte Fachabteilungen leisten können, und nicht von kleinen Betrieben mit wenig Mitarbeiterinnen und Mitarbeitern.

Und so ist es hoch an der Zeit, Verfahren zu vereinfachen, Bürokratie zu entschlacken, den Selbstzweck der Bürokratie radikal zurückzudrängen. Daher bin ich von einem Deregulierungsausschuss im Parlament so überzeugt – ein

Ausschuss, der sich wirklich nur damit beschäftigt, welche Gesetze und Verordnungen man abschaffen kann.

Mehr Netto vom Brutto auch als Wettbewerbsfaktor

Die Frage der Wettbewerbsfähigkeit hängt von verschiedenen Faktoren ab. Neben dringend nötiger Deregulierung sind das die Steuer- und Abgabenbelastung, die Belastung des Faktors Arbeit sowie die Frage, ob überhaupt genügend qualifizierte Arbeitskräfte im Land sind. Wie zuvor skizziert, steht es nicht gut um die Wettbewerbsfähigkeit Österreichs. Wir werden nicht schlechter, aber die anderen werden wesentlich schneller besser. Wir müssen unsere Hausaufgaben machen, da auch andere Länder bereits vorgelegt haben. Wenn wir jetzt nicht rasch handeln, dann rutscht Österreich noch weiter ab, denn dann werden Betriebe in andere, steuerlich attraktivere Länder abwandern.

Schon eingangs habe ich auf die Studie des Wirtschaftsforschungsinstituts EcoAustria[129] verwiesen, die zeigt, wie stark die Abgabenbelastung von Einkommen in den letzten Jahrzehnten gestiegen ist. In der Studie wird klar, dass der größte Treiber die Dienstgeberabgaben betrifft. Der Faktor Arbeit wird zu hoch besteuert, die Lohnnebenkosten sind einfach zu hoch, Steuern und Abgaben machen oft mehr als 50 Prozent von den Gesamtarbeitskosten, also Brutto-Brutto, aus. Wenn eine Arbeitgeberin heute 300 Euro zusätzlich in die Hand nimmt für das Gehalt eines Mitarbeiters, so landen nur 121,5 Euro auf seinem Konto. In Schweden blieben rund 203 Euro bei einer Arbeitnehmerin, in Tschechien wären es immerhin auch noch 167 Euro.[130]

Einfach auf den Punkt gebracht: Mitarbeiter kosten die Arbeitgeberinnen (zu) viel und verdienen zu wenig. Reallöhne sind über lange Zeit stagniert und die nun einsetzende Steigerung erhöht den Kostendruck der Unternehmen massiv. Dabei ist gerade in einer Zeit hoher Inflation und einer schlechten Wirtschaftslage klar: Der Staat hat es in der Hand, durch Lohnnebenkostensenkungen den Spielraum für höhere Löhne und Gehälter zu schaffen.

Wenn ich Vorschläge auf den Tisch lege, wie man die Lohnnebenkosten senken kann, dann bekomme ich oft zu hören, dass das ein Angriff auf den Sozialstaat sei. Das ist es sicher nicht, sondern im Gegenteil: Die beste soziale Vorsorge ist, dass die Menschen durch gute Jobs in wettbewerbsfähigen Betrieben ordentlich verdienen. Die Arbeitnehmerinnen und Arbeitnehmer verdienen es, mit ihrem Einkommen besser auszukommen. Und das gelingt durch mehr Netto von weniger Lohnkosten für den Arbeitgeber. Ziel muss sein, dass die Lohnnebenkosten um 6,5 Prozentpunkte gesenkt werden – dann würden wir uns immerhin dem OECD-Durchschnitt nähern. Bereiche, die reduziert werden können, gibt es viele, ich möchte hier etwa die Kammerumlage 2 für die Wirtschaftskammer erwähnen, die ursprünglich befristet eingeführt wurde. Aber auch beim Familienlastenausgleichsfonds, aus dem eine Vielzahl von Familienleistungen bezahlt werden, ist nicht in Stein gemeißelt, dass dieser von jedem Arbeitnehmer finanziert werden muss. Dasselbe gilt für den Wohnbauförderungsbeitrag, der dann ohnehin zum Gutteil in den Landesbudgets versickert. Für einen Durchschnittsverdiener hieße das, dass mit dieser Senkung der Lohnnebenkosten Spielraum im Ausmaß eines zusätzlichen Monatseinkommens, etwa ein 15. Gehalt, geschaffen werden könnte.

Regelmäßig kommt auch der Einwurf, dass eine Lohnnebenkostensenkung von Seiten der Arbeitgeber nicht an die Arbeitnehmerin weitergegeben würde. Das offenbart

mehr ideologiebehaftetes Reflexdenken, in dem Arbeitgeberinnen und Arbeitgeber als Ausbeuter gesehen werden,
als evidenzbasiertes Interesse an der Frage, wie mehr Netto
vom Brutto möglich wäre. Gerade in einer Zeit hoher Inflation und »heißer« Lohnverhandlungsrunden ist doch klar,
dass Spielräume nötig sind, die die Position der Arbeit-
nehmerseite sogar noch stärken. Wen das nicht überzeugt,
dem sei eine Studie des WIFO[131] ans Herz gelegt, die bestätigt, dass dauerhafte Lohnnebenkostensenkungen zu
steigenden Reallöhnen führen.

Ein weiterer wichtiger Faktor für die Wettbewerbsfähigkeit ist, wie gesagt, die Frage, ob es genügend qualifizierte
Arbeitskräfte in Österreich gibt. Generell ist die Personal-
not in Österreich sehr groß – nicht nur im qualifizierten Bereich, sondern überall. Die Lösungen müssen vielschich-
tig sein: Einerseits geht es darum, mit besserer Bildung
und lebenslangen Ausbildungsmöglichkeiten Menschen
für Berufe zu qualifizieren, andererseits sollte vor allem
Frauen durch genügend qualitätsvolle Kinderbetreuungs-
plätze die Freiheit gegeben werden, auch mehr arbeiten zu
können. Außerdem müssten ältere Personen länger fit im
Erwerbsleben gehalten werden.

Aber dennoch: Ohne qualifizierte Zuwanderung wird es
schwer. Aber die Rot-Weiß-Rot-Karte ist ein bürokratischer
Hürdenlauf. Österreich braucht daher dringend ein Ein-
wanderungsgesetz, das nach klaren Kriterien den Zuzug für
Menschen ermöglicht, die die benötigten Qualifikationen
mitbringen. Das Ticket, über das Menschen nach Österreich kommen, sollte eine neue Rot-Weiß-Rot Karte sein,
und nicht »Asyl«.

Ein neues Aufstiegsversprechen für alle

»Wohlstand für alle«, das war das Versprechen des deutschen Bundeskanzlers Ludwig Erhard im Jahr 1957. Erhard skizzierte den Grundsatz einer sozialen Marktwirtschaft, die auf Freiheit, Wettbewerb, Unternehmertum, aber auch auf sozialer Verantwortung basierte. Unternehmerische Freiheit sichert den wirtschaftlichen Aufstieg, der die Mittel für ein soziales Netz zur Verfügung stellt. Es geht vor allem um ein Aufstiegsversprechen: Nicht das Versprechen, dass jeder reich wird, kann die Politik geben, aber das Versprechen, dass man sich mit eigener Anstrengung, Kreativität und Sparsamkeit etwas aufbauen kann. Das macht liberale Demokratien und die soziale Marktwirtschaft aus.

In Österreich wird viel umverteilt, wie nicht zuletzt die dritthöchsten Sozialausgaben in der OECD[132], nach Berechnungen von Eurostat die zweithöchsten in der EU, deutlich machen.[133] Umverteilung funktioniert auch, wie zuletzt eine Studie des WIFO[134] gezeigt hat – sie reduziert Ungleichheit und Armutsgefährdung. Die WIFO-Studie zeigt auch, dass nur die obersten 20 Prozent der Einkommensbezieher Nettozahler ins System sind. So weit, so wenig überraschend. Was die Studie aber auch zeigt, ist, dass es zunehmend eine Umverteilung von Jung auf Alt gibt. Junge Menschen haben über die Jahre »verloren«, ihre Einkommen sinken, besonders dann, wenn sie Kinder haben. Das Gegenteil ist für Menschen über 65 Jahre der Fall. Ein neues Wohlstandsversprechen für alle darf die Augen nicht mehr davor verschließen, dass es für junge Familien immer schwerer wird, den Wohlstand zu halten und sich etwas aufzubauen.

Will man ein neues Aufstiegsversprechen für alle, kommen wir wie gesagt nicht umhin, einen neuen Generationenvertrag, einen »Pakt des Vertrauens« zwischen Jung und Alt, zu schließen.

Die Anhebung des Pensionsantrittsalters nur um ein Jahr brächte Einsparungen und damit Mittel im Ausmaß von rund 2,8 Milliarden Euro. Dieses Geld sollte zweckgewidmet werden für ein Chancenkonto für Junge. Umgelegt auf alle 18-Jährigen könnte man dadurch ein Chancenkonto für jeden mit 25 000 Euro dotieren. Dem Vorwurf der Leistungsfeindlichkeit eines solchen generellen »Grunderbes« könnte man damit begegnen, dass dieses Geld nur für bestimmte Zwecke abgerufen werden könnte. Etwa für Bildung und Ausbildung, einschließlich Kosten für Bildung im Ausland oder Unterstützung bei einer Lehre, für Unternehmensgründungen als Startkapital oder aber als Eigenmittel für den Erwerb einer Wohnung. Eine Verpflichtung zur Rückzahlung für den Fall, dass der junge Mensch später tatsächlich erben sollte, wäre ebenso denkbar.

Aufstieg bedeutet auch, dass man mit seinem Erwerbseinkommen etwas ansparen und so Vermögen aufbauen kann. Die hohe Steuerlast verhindert das aber. Nochmals also ein Bezug auf die schon erwähnte Studie von EcoAustria: Wenn wir die Steuer- und Abgabenbelastung der Mitte der 70er Jahre auf heute anlegen würden, so blieben einer Ärztin mit einem Einkommen an der Höchstbeitragsgrundlage 15 000 Euro mehr Netto im Jahr übrig. Das sind über 1000 Euro im Monat – genau das, was diese Ärztin unter Umständen braucht, um einen Kredit zu finanzieren, um für sich und ihre Kinder etwas aufzubauen.

Die Menschen in Österreich zahlen nicht zu knapp Steuern und Abgaben: 2022 hatte Österreich die dritthöchste Abgabenquote in der EU. Nur in Frankreich und Belgien mussten die Steuerzahlerinnen und Steuerzahler mehr an den Staat abliefern. Die Staatseinnahmen sprudeln also, die Staatsausgaben hingegen explodieren. Dabei ist aber klar, dass mehr Netto vom Brutto ein Schlüssel für mehr Chancen, sich selbst aus eigener Leitung etwas aufzubauen.

Womit wir bei der nächsten Frage wären, die vor allem von Seiten der Linken immer wieder aufgebracht wird: Erbschafts- und Vermögenssteuern. Obendrauf auf diese hohe Steuerbelastung noch weitere Steuerbelastungen setzen? Das geht nicht. Zudem: Wie will man denjenigen, die über Jahrzehnte hohe Steuern bezahlt haben, erklären, dass ihr Erspartes – wofür sie vielleicht auch Kredite aufgenommen oder auf Reisen und Konsum verzichtet haben – nun nochmals besteuert werden soll? Das wäre weder gerecht noch fair.

Neben einer Erbschaftssteuer will die SPÖ eine Vermögenssubstanzsteuer (also eine Steuer auf das Vermögen an sich statt auf Erträge) einführen, die angeblich fünf Milliarden Euro bringen würde. Nicht nur aufgrund der Frage der Bewertung von Vermögen: ein unrealistisches Luftschloss! Österreich wäre damit weltweit das Industrieland mit dem zweithöchsten Steueraufkommen aus einer Vermögenssubstanzsteuer – weit vor den wesentlich größeren Ländern Spanien, Frankreich oder Deutschland.[135] Gleichzeitig ist Österreich als kleine, offene Volkswirtschaft besonders darauf angewiesen, ein attraktiver Standort für ausländisches Kapital zu sein. Geld ist flüchtig. Die Milliarden an anderen Steuern, die wir durch den Abzug von Kapital verlieren würden, finden sich auf keiner der Rechnungen. Dafür wird die Steuer schon in Sonntagsreden zwei- bis dreimal an anderer Stelle ausgegeben.

Während wir NEOS Vermögenssubstanzsteuern aus grundsätzlichen Gründen sehr kritisch gegenüberstehen, sind Erbschaftssteuern in einem sehr moderaten Ausmaß mit Ausnahmen für die engste Familie, wie zum Beispiel in der Schweiz, für uns durchaus vorstellbar. Aber eben nur, wenn wir in Österreich gleichzeitig auch dieselben niedrigen Steuersätze auf Arbeitseinkommen haben wie in der Schweiz.

Und dann ist ja die ganz wesentliche Frage, ob Vermögenssteuern und Erbschaftssteuern wirklich etwas an der ungleichen Verteilung von Vermögen ändern würden. Die Antwort ist klar: nein. Dies wurde nun auch in einer Simulation des Forum New Economy und des Deutschen Instituts für Wirtschaftsforschung,[136] das der SPD durchaus nahesteht, klar dargestellt. Bei einer Vermögenssteuer von zwei Prozent wären die Vermögensanteile der obersten zehn Prozent gerade mal um einen Prozentpunkt niedriger, die der oberen Mittelschicht um einen Prozentpunkt höher. Für die untere Hälfte der Bevölkerung änderte sich nichts. Selbst bei einer zehnprozentigen Vermögenssteuer verlören die oberen zehn Prozent gerade einmal vier Prozentpunkten zugunsten der oberen Mittelschicht. Auch hier hätte die untere Hälfte der Bevölkerung gar nichts davon. Bei einer 100-prozentigen (!) Erbschaftssteuer wäre die Vermögensverschiebung laut dieser Simulation zwischen den obersten zehn Prozent und der oberen Mittelschicht nur ein Prozent. Bei allen Varianten gäbe es einen Hauptprofiteur: den Staat, der noch mehr Einnahmen lukrieren würde. Ein Startkapital für 20-Jährige jedoch (etwa wie zuvor von mir mit dem Chancenkonto beschrieben) würde – je nach Höhe – vor allem der unteren Hälfte der Bevölkerung zugutekommen.

Österreich hat zudem in den letzten Jahrzehnten ein Netz von Steuern und Abgaben gewoben, das sich über alle Vermögensarten erstreckt. Von Immobilien über Erbschaften bis hin zu Kapitalerträgen – fast nichts bleibt vom Fiskus unberührt. Während dieses Netz immer dichter wird, wächst die Sorge, dass wir damit die »goldenen Gänse«, die diese Einnahmen erst ermöglichen, vergraulen könnten. Besonders betroffen sind der Mittelstand und die KMUs, die nicht nur den Großteil der Arbeitsplätze in Österreich schaffen, sondern auch einen erheblichen Beitrag zur Innovationskraft unseres Landes leisten.

Wir sollten uns vielmehr die Frage stellen, wie wir es mehr Menschen ermöglichen können, neuen Wohlstand zu schaffen. Und hier ist ganz klar: Ohne Kapitalmarkt geht das nicht. Einen funktionierenden Kapitalmarkt und mehr Unternehmensgründungen brauchen wir alle, damit die Wettbewerbsfähigkeit in Österreich gesichert ist, ein funktionierender Kapitalmarkt stellt Risikokapital für die Unternehmen zur Verfügung. Aber wir brauchen ihn genauso für die Chance auf ein erfolgreiches Leben, damit sich eben jede und jeder etwas aufbauen kann. Und daher halte ich eine ideologiegetriebene Sicht auf den Kapitalmarkt als »das Böse« für völlig fehl am Platz. Auch hier vertrete ich einen rein nutzenorientierten Zugang – wir brauchen ihn, also müssen wir ihn auch wieder beleben. Das bedeutet aber auch, dass das Thema Finanz- und Wirtschaftsbildung – Financial Literacy – wieder in die Schulen muss. Kritische Auseinandersetzung mit Kapitalismus ist gut, aber zuerst müssen Kinder und Jugendliche verstehen, wie Marktwirtschaft und Kapitalmarkt funktionieren.

Statt über neue Steuern zu fantasieren, müssen wir endlich der Realität ins Auge blicken. Wenn wir uns in einem Loch befinden, sollten wir aufhören zu graben. Trotz immer neuer Rekordsteuereinnahmen schafft es diese Republik nicht, die Neuverschuldung in den Griff zu bekommen. Weil Steuern und Staatsausgaben viel zu oft Selbstzweck für einen großen Staatsapparat sind, in dem die linke Hand nicht weiß, was die rechte tut, steht Österreich alles andere als gut da: Die Staatsausgaben sind in Österreich im vergangenen Jahrzehnt deutlich gestiegen. Die Staatsquote, also der Anteil der öffentlichen Ausgaben am BIP, lag – ohne Zinszahlungen – 2023 bereits bei 50,4 Prozent, ein Jahrzehnt zuvor lagen wir noch bei rund 48 Prozent. Auch hier zeigt sich, dass das BIP allein als Messgröße untauglich ist. Wachstum durch immer mehr Verwaltungsausgaben zu generieren, ist nicht nachhaltig und zukunftsfähig.

Und so steigen die Schulden weiter: Die Bundesregierung hat für die kommenden Jahre einen Budgetrahmen vorgelegt, der ähnlich wie in einem Krisenjahr die Ausgaben weiter steigen lässt.[137] Enorm gestiegene Zinskosten hemmen den Spielraum für zukünftige Regierungen. Zwar ist Österreich vom »Patienten Europas«, Italien, noch weit entfernt, in dem die Staatsverschuldung mit 150 Prozent des BIPs weit über dem von der EU festgelegten Maastricht-Ziel von 60 Prozent liegt, aber der Weg weist direkt in diese Richtung.

Ein kürzlich erschienenes Buch[138] hebt die Bedeutung der Meritokratie, also eines Leistungsprinzips, für das Wirtschaftswachstum hervor und analysiert den wirtschaftlichen Abstieg Italiens in den letzten Jahrzehnten. Es zeigt auf, dass der hohe Stellenwert von Beziehungen (Freunderlwirtschaft) statt Leistung ein langjähriges Merkmal der italienischen Eliten ist, was sich auch im Unternehmenssektor bemerkbar macht. Diese Problematik hat Italien daran gehindert, eine wissensbasierte und offene Wirtschaft zu entwickeln. Ohne tiefgreifende Reformen und Investitionen in die Zukunft wird der Patient nicht genesen.

Mangels Reformwillen droht Österreich hier, den Weg Italiens zu gehen.

Ohne Reformen keine Zukunft

Will Österreich also seinen Wohlstand halten oder sogar den Wohlstand für alle vergrößern, sind Reformen unerlässlich. Die hohen Schulden paaren sich nämlich mit einer dramatischen Zukunftsvergessenheit. Von »Enkelfähigkeit«, also der nötigen Nachhaltigkeit von politischen und wirtschaftlichen Entscheidungen im Sinne unserer Kinder und Enkelkinder, kann keine Rede sein. Das zeigt auch die schon erwähnte niedrige »Zukunftsquote« im

Budget. Damit bleiben die Ausgaben unter den Erfordernissen, um das Bildungssystem oder einen ökologisch und ökonomisch nachhaltigen Standort wirklich zu stärken. Das ist ein Verrat an den Jungen! Nach eineinhalb Jahrzehnten des Rückenwinds der Nullzinspolitik bläst uns nun der Gegenwind stark gestiegener Zinsen entgegen.

Es ist also jetzt so entscheidend wie lange nicht, auf die Ausgabenseite des immer größer gewordenen Staates zu schauen und die kritische Frage zu stellen: Was davon ist effizient und was nicht? Wo braucht es mehr Fokus, wo weniger Gießkanne? Wie gelingt Österreich, was Dänemark oder Schweden längst geschafft haben: die Kosten des demografischen Wandels für die Staatsfinanzen nicht so ungebremst steigen zu lassen? Wie kann Österreich für seine Steuerzahler endlich aus der teuersten Variante des Föderalismus aussteigen, in der eine Hand das Geld ausgibt, das eine andere Hand einnehmen muss?

Noch mehr aus den Unternehmen und Bürgerinnen herauszupressen, ist der falsche Ansatz. Die Politik muss endlich wieder ein Umfeld schaffen, in dem die Wirtschaft florieren und wachsen kann. Bevor wir also über weitere Belastungen nachdenken, sollten wir unser Augenmerk auf die Effizienz und Struktur unserer Staatsausgaben richten. Wir brauchen eine Staatsreform. Es ist an der Zeit, den Staub von alten Subventionen zu pusten, ineffiziente Strukturen zu überdenken und mutig in die Zukunft zu blicken.

Grundsätzlich ist Föderalismus eine gute Sache. Dezentrale Strukturen schaffen Innovation und Wettbewerb. Allerdings gilt das nur dann, wenn der Föderalismus einerseits in seinen Kompetenzen klar ist – in Österreich gibt es genügend Beispiele dafür, dass zu viele zuständig, aber letztlich niemand verantwortlich ist. Andererseits – und das ist das Wesentlichste – kann Föderalismus nur dann gut funktionieren, wenn föderale Strukturen für die ihnen zugewiesenen Aufgaben auch selbst die Verantwortung haben, Steuergeld einzuheben. In der österreichischen Spielart des Föderalismus jedoch gibt es einen Ausgabenföderalismus, aber keinen Einnahmenföderalismus. Vereinfacht gesagt: Der Bund hebt ein, die Länder geben aus. Reicht das Geld nicht aus, weil die »Landesfürsten« es sich feudal eingerichtet haben, dann fordern sie mehr Geld. Und bekommen es auch. Selbst nach den neuen Finanzausgleichverhandlungen ist klar: Die Länder bekommen mehr Geld und Zielvorgaben an die Länder gibt es zwar, allerdings ohne entsprechende Sanktionen. Ein Fass ohne Boden. Autonomie ist das Stichwort: Mit echter Steuerhoheit der Länder und mit der Möglichkeit für die Bundesländer, selbst Steuertarife festzusetzen, käme endlich die Verantwortung für Einnahmen wie Ausgaben in eine Hand und so mehr Verantwortung generell ins System.

Die Krux an der Sache: Ohne Zustimmung der Länder gibt es keine Reform. So bleibt seit Jahrzehnten alles beim teuren Alten. Mehr als 20 Jahre, nachdem der österreichische Verfassungskonvent gestartet wurde, mehr als tausend Seiten und Jahre später ist klar: Alle Ambition auf Reformen wurde von den Landesfürsten im Keim erstickt. Der Verfassungskonvent ist gescheitert.

Auch wenn es noch so illusorisch scheinen mag: Entweder die Länder übernehmen auch Verantwortung für die Einhebung von Steuern und müssen so ihre klarer als heute definierten Aufgaben selbst finanzieren, oder wir schaffen die Landtage ab. Teure Folklore mit Doppelzuständigkeiten und teurem Kompetenzwirrwarr braucht niemand. Man muss sich nur den Schulbereich oder das Gesundheitssystem ansehen: Für die Bürgerinnen und Bürger werden die Leistungen schlechter, die Kosten aber steigen. Ineffizienz durch zu viele Köche allerorts verderben den Brei. Warum also nicht Bildung und Gesundheit in reine Bundeskompetenz verlagern? Klare Zuständigkeit und eine einheitliche Finanzierung aus einer Hand schaffen bessere Steuerungsmöglichkeit, was die Qualität für Patientinnen, Schüler und Lehrerinnen massiv erhöhen würde.

Neben einem ineffizienten und teuren Föderalismus leidet Österreich auch an einem ineffizienten und undurchsichtigen Förderalismus. Alles wird gefördert, manchmal doppelt oder dreifach über Bund, Länder und Gemeinden. Kriterien oder Wirkungsziele fehlen oft. Aber jede Ebene möchte nicht darauf verzichten, »Gutes zu tun«. Reformansätze wie die Transparenzdatenbank wurden auch hier im Keim erstickt. In Österreich hat der Staat die Spendierhosen an und wer sich am besten im Förderdschungel zurechtfindet, der kann die Hand aufhalten. Vom Lastenrad in Wien bis zur Stoffwindelförderung in Vorarlberg, vom Gratis-Klimaticket für alle 18-Jährigen bis zur Pendlerpauschale: alles schön und gut, aber in Summe zu viel. Der Staat nimmt üppig aus der rechten Tasche des Steuerzahlers und gibt ein bisserl was für »gute Sachen« in die linke Tasche zurück. So nebenbei auch ein Klientelismus in Reinkultur!

Der österreichische Staat muss seine Ausgaben nicht kürzen, aber der Anstieg sollte gedämpft und die Mittel effizienter und »wirkunsgorientierter« eingesetzt werden. Das heißt, dass bei jeder Ausgabe darauf geachtet werden muss, ob sie den beabsichtigten Zweck auch wirklich erfüllt. Die wenig treffsicheren Staatsausgaben von heute sind die Schulden oder Steuern von morgen. Für echte und nachhaltige Entlastung, gerade auch der Mitte, und damit für ein neues Aufstiegsversprechen, müssen mutige Reformen her.

Europa: besser Akteur als Spielball

In Brüssel geht gerade die Angst um, dass Europa den Anschluss verliert, zu einem Nebenschauplatz wird. Die USA und China ringen in zentralen technologischen und ökonomischen Bereichen um die Vorherrschaft, während Europa nicht in der Lage ist, im Krieg, den die Hamas gegen Israel begonnen hat, mit einer Stimme zu sprechen.

Das große Friedensprojekt Europa muss reformiert werden, wenn Europa eine starke Stimme in der Welt bleiben will und den Bedrohungen auch in ihrem Inneren Herr werden möchte.

Gleichzeitig ist die EU hierzulande nicht gut angeschrieben. Nur 37 Prozent haben ein positives Gefühl gegenüber der EU und nur 42 Prozent sehen in der Mitgliedschaft zur Union eine gute Sache, wie eine Eurobarometer-Umfrage vom Dezember 2023 zeigt.[139] Immerhin erkennt aber eine Mehrheit die Vorteile für Österreich durch die Mitgliedschaft. Wohl ein Hauptgrund für diese desaströsen Ergebnisse ist die mangelnde Handlungsfähigkeit und damit Strategiefähigkeit der Union. Sie liefert nicht.

Die Demokratie ist in Gefahr, doch Brüssel, so scheint es, kümmert sich um kleine Dinge, die zum Leidwesen der Bürger und der Unternehmen überreguliert werden. Putin hat die Ukraine überfallen und stellt eine Gefahr für die Sicherheit Europas dar, doch ohne Washington geht nichts in Fragen der Sicherheit, und Finnland und Schweden setzen auch eher auf die transatlantische Partnerschaft im Wege der NATO als auf eine schlagkräftige europäische Sicherheits- und Verteidigungsarchitektur.

Ganz besonders gilt das aber für den Bereich Migration. Vor einiger Zeit sagte ich, dass sich Europa und Österreich keine offenen Tore leisten könnten. Dafür wurde ich stark kritisiert. Doch ich bleibe dabei: Der anhaltende Migrationsdruck überfordert die Menschen, die Gesellschaft, die Solidarität unter den Mitgliedsländern, unsere sozialen Einrichtungen und nicht zuletzt unser Rechtssystem. Auch bei mir hat ein Umdenken stattgefunden, denn das gesellschaftliche Band ist brüchig geworden und die Gefahr eines nationalistischen und rechtspopulistischen Kipppunkts für unsere Demokratien, unseren Wohlstand und für das vereinte Europa ist enorm. Wir brauchen Migration, aber geordnet und nicht irregulär. Gleichzeitig steht auch unsere Humanität auf dem Spiel. Nicht wenige liebäugeln mit einem Austritt aus der Europäischen Menschenrechtskonvention, die eine historische zivilisatorische Errungenschaft darstellte. Lösungen kann es aber nur auf Basis der Rechtsstaatlichkeit geben.

Das Ziel ist klar: Wir sind in der Verantwortung, verfolgten Menschen Schutz zu bieten. Aber Menschen sollen sich nicht mehr in Boote setzen und mittels Schleppern auf den lebensgefährlichen Weg durchs Mittelmeer nach Europa machen. Dort stellen sie derzeit Asylanträge, die etwa im Fall Italiens kaum mehr in einem annähernd rechtsstaatlichen Verfahren abgewickelt werden. Und selbst wenn, wie in vielen Fällen, kein Recht auf Asyl vorliegt, finden Abschiebungen nicht statt, weil Gerichte dies aufgrund der Menschenrechtssituation untersagen oder weil sich die Herkunftsstaaten schlicht weigern, Migranten zurückzunehmen. Rückführungsabkommen wurden selbst unter Innenminister Herbert Kickl keine abgeschlossen.

Im Dezember 2023 haben sich die EU-Staaten endlich auf eine Reform der Asyl- und Migrationspolitik geeinigt. Asylverfahren an den Außengrenzen und die Möglichkeit von Schnellverfahren samt Abschiebungen für Asylbewerber mit geringer Bleibechance sind richtig. Man sollte jedoch noch weiter gehen: Es ist notwendig, dass ein europäischer Rechtsrahmen (selbstverständlich auf Basis der Menschenrechtskonvention und der Genfer Flüchtlingskonvention) geschaffen wird, der es möglich macht, Asylverfahren mittels Abkommen mit Drittstaaten außerhalb der EU abzuhandeln. Geflüchtete Menschen sollten dorthin zurückgebracht werden mit dem klaren Signal: Es hat keinen Sinn, dass ihr euch überhaupt auf den Weg macht. Nur durch einen Schutz der Außengrenzen kann Europa seine Freiheit im Inneren bewahren. Der Migrationsforscher Gerald Knaus[140] schlägt mittlerweile genau dies vor. Der Knackpunkt: Faire Verfahren und humanitäre Behandlung müssen sichergestellt werden, weshalb hier dem

UNHCR, dem UN Flüchtlingskommissariat, eine wesentliche Rolle zugedacht wäre. Nötigenfalls sollte Europa selbst für menschenwürdige Behandlung und Verfahren in Drittstaaten sorgen. So oder so: Europa muss liefern und irreguläre Migration so weit es geht zurückdrängen. Sonst steht viel auf dem Spiel: Die Abschaffung der Menschenrechtskonvention wäre ein enormer zivilisatorischer Rückschritt.

Die nötige Reform der EU bedeutet aber auch einen schlagkräftigeren institutionellen Rahmen: Im EU-Parlament wurde daher ein Bericht beschlossen, der eine tiefgreifende Transformation der Union in Richtung »Vereinigte Staaten von Europa« andenkt.[141] So schlägt das EU-Parlament unter anderem vor, die Einstimmigkeit in Steuer- und Außenpolitik zu eliminieren und durch qualifizierte Mehrheitsentscheidungen zu ersetzen. Das würde effizientere und raschere Entscheidungsfindungsprozesse ermöglichen. Nur so kann Europa Akteur bleiben oder wieder stärker werden. Strategiefähigkeit ist ein Muss, Vielstimmigkeit mag uns in der Musik gefallen, politisch taugt sie nicht als Handlungsprinzip.

Durch die Aufgabe nationaler Autonomie gewinnen wir stärkere Autonomie in Europa. Viele Fragen sind einfach zu groß, um sie auf nationaler Ebene effektiv bewältigen zu können. Weder können wir den Krieg in der Ukraine noch den Nahost-Konflikt, die Klimakrise oder die mit den Krisen einhergehenden Migrationswellen allein lösen. Österreich kann sich nicht einmal eigenständig unabhängig machen von russischem Gas, wie soll dann eine strategischere Unabhängigkeit von chinesischen Rohstoffen gelingen? Die Dringlichkeit solcher Reformen nimmt noch zu angesichts der neuen Erweiterungsperspektiven für die Ukraine und den Westbalkan. Die Erweiterung der EU ist eine strategisch wichtige Weichenstellung, die uns stärker macht. Allerdings braucht es dafür eine neue innere Verfasstheit. Neben der Option der Vollmitgliedschaft sollten auch »Lightversionen« mit unterschiedlichen Geschwindigkeiten, verschiedenen Zugängen zum Binnen-markt und etwa Beobachterstatus in den Institutionen er-möglicht werden.[142]

Europa ist in der Verpflichtung, für die Bürgerinnen und Bürger nötige Antworten auf die drängenden großen Fragen zu liefern, die nationalstaatlich nicht sinnvoll ge-regelt werden können. Es geht darum, Schutz und Sicher-heit zu garantieren, Wettbewerbsfähigkeit und Wohlstand zu erhalten. Weder können wir weiter unsere sicherheits-politischen Verpflichtungen nach Washington noch unsere Energieversorgung nach Moskau und unsere Rohstoff-versorgung oder Lieferketten nach Peking auslagern. Der Fokus muss klar auf dem Wesentlichen liegen: Mit Über-regulierung im Klein-Klein und Bürokratismus ist nieman-dem geholfen.

Ein stärkeres Europa bedeutet ein stärkeres Österreich. In Sicherheitsfragen, wirtschaftlich und sozial. Nationa-listen geht es um die scheinbare Rückeroberung von »Kontrolle«. Sie nehmen dafür auch Ohnmacht und wirt-schaftlichen Abschwung in Kauf. Lassen wir es nicht so weit kommen!

Die freie und gerechte Chancengesellschaft

Wollen wir ein hoffnungsvolles Bild von der Zukunft zeich-nen, einen »Pakt des Vertrauens« zwischen den Menschen untereinander und zwischen Staat und Bürgern, so braucht es nicht nur eine neue Form des Regierens, die auf Augen-höhe, Transparenz und Dialog setzt. Es braucht nicht nur Lösungen für ein Leben in Wohlstand für alle. Und es braucht mehr als die Stärkung demokratischer Institutionen. Es braucht vor allem eine klare Vision, wohin man möchte.

Vor Jahren setzte ich mich mit dem damaligen NEOS-Lab-Direktor Josef Lentsch zusammen, um dieser Vision ein Bild zu geben. Der Hintergrund ist schnell erklärt: Neue Parteien gründen sich recht schnell, weil man »gegen etwas aufsteht«. Für etwas zu sein ist schon weit schwieriger. Die Herausforderung aber, damit aus einem kurzen Aufflackern eine leuchtende Fackel wird, ist, dass man sich von einer Projektionsfläche zu einer klar umrissenen Idee entwickelt. Eine neue Partei wird schnell einmal unterstützt, weil man unzufrieden ist. Langfristig bestehen kann sie aber nur, wenn sie ein konsistentes und permanentes Sinnversprechen gibt, das eben mehr ist, als neu zu sein.

So entstand bei einer Flasche Rotwein das Bild der freien Chancengesellschaft. Ich habe dem bewusst auch das Wort »gerecht« hinzugefügt. Ich will dadurch unseren Freiheitsbegriff bewusst abgrenzen von dem nachgerade kindischen Freiheitsbegriff mancher, die darunter verstehen, dass jeder tun und lassen kann, was er möchte, ohne Rücksicht auf andere. Freiheit bedeutet einerseits Freiheit von staatlichem Zwang, andererseits auch die Freiheit, »frei zu sein«, wie Hannah Arendt dies ausdrückte, also eine Freiheit von Not und Zwangslagen. Und wie zuvor beschrieben bedeutet Freiheit vor allem auch Verantwortung und Verbundenheit, den Schutz vor Unterdrückung und Diskriminierung – und damit das Gegenteil von Regellosigkeit. In der liberalen Demokratie garantiert ein Rechtsstaat, auf den alle Vertrauen können, diese Freiheit.

In der freien und gerechten Chancengesellschaft steht der einzelne Mensch im Mittelpunkt, niemals ein System oder eine Gruppe. Aufgabe der Politik ist es, daran zu arbeiten, dass jede und jeder die gleichen, gerechten Chancen hat, ein selbstbestimmtes Leben zu führen – jetzt und in der Zukunft. Denn wir NEOS verbinden Nachhaltigkeit mit einem Wachstums- und Wohlstandsversprechen für alle, das wir sichern können, indem wir mutig Reformen angehen, um »Enkelfähigkeit« zu garantieren, sodass auch die kommenden Generationen davon profitieren.

Der Staat hat wesentliche Aufgaben: den Schutz der inneren und äußeren Sicherheit, die Sicherung und Durchsetzung des Rechtsstaats. Freiheit und Sicherheit stehen durchaus in einem Spannungsverhältnis, im Wesentlichen geht es aber darum, die Sicherheit zu bieten, die zur Bewahrung der Freiheit und der liberalen Demokratie nötig ist, ohne selbst zur Bedrohung zu werden.

Der Staat sollte grundsätzlich darauf verzichten, den Menschen in allem vorschreiben zu wollen, wie sie leben sollen. Der Handlungsspielraum eines jeden ist der Rahmen der Gesetze, nicht ein moralistischer Imperativ. Der Staat sollte darauf verzichten, mit paternalistischer Hand jeden und jede zu bevormunden.

Freiheit und Gerechtigkeit bedeutet auch ein Bekenntnis zu einem starken sozialen Netz, das für die da ist, die sich nicht aus eigener Kraft ihren Lebensunterhalt sichern können, und dieses auch für die Zukunft zu sichern. Im Kern muss es darum gehen, eine soziale Grundausstattung für jeden Bürger und jede Bürgerin zur Verfügung zu stellen. Aber: Eine Gesellschaft kann nur funktionieren, wenn grundsätzlich jeder, der kann, auch einen Beitrag leistet. Sonst können wir unser solidarisches Gesundheitssystem, unser solidarisches Pensionssystem und unser grundsätzlich solidarisches Bildungssystem nicht aufrechterhalten. Ohne Eigenverantwortung geht es nicht.

Ich bin davon überzeugt, dass es wichtig ist, das Thema Eigenverantwortung wieder in den Vordergrund zu stellen. Jede und jeder soll alle Chancen und alle Möglichkeiten bekommen. Aber es wird niemand an der Hand genommen und von der Wiege bis zur Bahre durchs Leben geführt. Ich werde niemandem vorschreiben, wie er oder sie das Leben leben soll, aber jede und jeder sollte sich stets der Konsequenzen des eigenen Handelns bewusst sein. Diese »Zumutung« ist nicht ein Riss im Band des Zusammenhalts, sondern eine wesentliche Voraussetzung für unseren gesellschaftlichen Grundkonsens, der auf dem Vertrauen beruht, dass jede und jeder auch bereit ist, Verantwortung zu übernehmen. Eigenverantwortung bedingt Autonomie, also die Möglichkeit und Fähigkeit zu selbstverantwortlichem Handeln. Genau diese Autonomie müssen wir fördern.

Das heißt auch, dass wir uns voll zu einer inklusiven Gesellschaft bekennen müssen. Menschen mit Behinderung arbeiten aber immer noch in Werkstätten, in denen sie statt einem Lohn gerade einmal ein Taschengeld bekommen. Sie sind weder kranken- noch pensionsversichert und haben keinen Urlaubsanspruch. Wesentlich für die Stärkung der Autonomie wären aber eine echte sozialversicherungsrechtliche Absicherung und andere Entlohnungsmodelle. Auch im Bereich Inklusion und Bildung bestehen nach wie vor viel zu viele Hemmnisse, um echte Autonomie und Selbstbestimmtheit zu fördern. Dringend nötig wäre etwa, ein Recht auf ein elftes und zwölftes Schuljahr für Kinder mit Behinderung gesetzlich zu verankern. Derzeit ist es noch bewilligungspflichtig und viele Fälle werden nicht genehmigt.

Eigenverantwortung bedeutet ebenfalls, dass die Menschen befähigt und berechtigt werden, kritisch zu hinterfragen und sich selbst aktiv zu beteiligen. Eine Zumutung für einen Staat, der 700 Jahre Habsburg in den Knochen hat und in dem die bürgerliche Revolution von 1848 nie wirklich vollendet wurde.

Ein Pakt des Vertrauens
in zehn Punkten

Ich habe auf den vorigen Seiten in vielen Abschnitten skizziert, wie ein neuer »Pakt des Vertrauens« der Menschen zueinander, in die Demokratie und den Staat entstehen kann und muss. Zum Schluss möchte ich die wesentlichen Punkte nochmals zusammenfassen.

Ein neues Regieren auf Basis von Vertrauen durch Transparenz, Augenhöhe und Nachvollziehbarkeit

Auch wenn der Begriff der »Augenhöhe« schon ein wenig verbraucht scheint: Es geht um gegenseitigen Respekt in einem nötigen neuen Verständnis des Verhältnisses zwischen Bürgerinnen, Bürgern und Staat, den Regierenden. Transparenz, Rechenschaftspflicht und Nachvollziehbarkeit sind wesentliche Kernelemente dieses neuen Regierungs- und Staatsverständnisses. Anders ausgedrückt: Wenn Regierende keinen Respekt vor Bürgerinnen und Bürgern haben, dann haben sie auch keinen Respekt durch Bürgerinnen und Bürger verdient. Das schließt auch Ehrlichkeit mit ein.

Bereitschaft, auch mit Unklarheit umzugehen

Die Welt ist volatil und unsicher? Ja! Sie ist komplex und mehrdeutig? Ja! Lassen wir uns darauf ein und gehen wir nicht den Vereinfachern auf den Leim. Nur sehr selten sind die Dinge schwarz oder weiß. Auf sich rasch verändernde Umstände müssen wir rasch und wendig reagieren können, ohne uns aus der Bahn werfen zu lassen. Resilienz, Antifragilität[143] und Agilität sind wesentliche Merkmale eines neuen Führungsversprechens. Entscheidungen in unsicheren Zeiten zu treffen, ist genau Aufgabe der Politik. Dieser Aufgabe sollte sie sich stellen und nicht vor ihr davonlaufen.

Auf konstruktiven Dialog setzen und sich mit ehrlicher Neugier auf Beteiligung einlassen

Regierungen der Zukunft müssen abseits von Wahltagen Dialogräume öffnen und sich auf das Abenteuer der Beteiligung einlassen. Wesentlich dabei ist aber, bestimmte Grundfragen und Grundlagen, wie Grundrechte, Rechtsstaatlichkeit, Schutz von Minderheiten oder auch Wissenschaftlichkeit, außer Streit zu stellen. Politikerinnen und Politiker sollten in diesem Sinne auch Macht abgeben können, Entscheidungen müssen sie jedoch weiterhin treffen und darüber wie gesagt auch Rechenschaft ablegen.

Das Verbindende suchen und nicht das Trennende

Die entscheidende Frage, die uns im politischen Handeln, aber auch in der Begegnung miteinander leiten sollte, ist: Worauf können wir uns einigen? Kooperation und Kollaboration werden gefördert, Empathie und Neugier gegenüber den anderen sind maßgeblich. Feindbilder und Spaltung in »wir« und »die« bringen uns nicht weiter.

Vergesst nicht auf die Jungen!

Alles politische Handeln muss den »Enkeltest« bestehen, muss so ausgerichtet sein, dass es unsere Kinder und Enkelkinder im Blick hat. Ein neuer Generationenvertrag, ein »Pakt des Vertrauens« zischen Jung und Alt[144] gehört ebenso dazu wie das Bekenntnis zur Nachhaltigkeit auf allen politischen Ebenen. In Abwandlung eines Aphorismus von Rabindranath Tagore: Ein guter Politiker hat die Verpflichtung, Bäume zu pflanzen, unter deren Schatten er zu Lebzeiten niemals sitzen wird können.

Unser Glaube heißt Demokratie

Das Band, das uns alle verbindet, ist das gemeinsame Verständnis von demokratischer Grundhaltung, liberalen Grund- und Freiheitsrechten, Pluralität und Toleranz. Dieses Band bildet die Grundlage unseres Zusammenlebens in Vielfalt und Individualität. Im Mittelpunkt: die Freiheit, die allen gleiche Rechte und Chancen gewährt, auch auf Zugang zu Institutionen.

Demokratie muss wehrhaft sein

Wir sind bereit, unsere Freiheit und unsere Demokratie gegen Angriffe zu verteidigen. Wir sind nicht schutzlos und naiv, sondern bedacht auf die Sicherung unserer demokratischen Institutionen.

Auch Heilige Kühe sind schlachtbar

Dogmen und verkrustete Nostalgie bringen uns nicht weiter. Mit dem Bewusstsein für und der Liebe zu Tradition und Erbe sollten wir dennoch in die Zukunft blicken. Das Gute bewahren, manches aber hinterfragen und besser machen.

Die Mitte stärken, politisch wie wirtschaftlich

Eine starke Mitte ist der Garant für politische Stabilität, für die Sicherung eines starken solidarischen sozialen Netzes, und der Germ für Innovation. Neues Regieren muss die Mitte im Fokus haben und für Chancengerechtigkeit sorgen. Mit einem neuen Aufstiegsversprechen erneuern wir das Vertrauen auf ein Leben in Wohlstand für alle sowie die Chance für jeden und jede, sich aus eigener Kraft etwas aufzubauen und ein gutes Leben zu leben.

Bei uns selbst anfangen

So abgedroschen es klingen mag: Veränderung beginnt bei einem selbst. Und deshalb muss gerade auch für die Politik gelten: So können wir nicht weitermachen. Jede und jeder von uns ist in der Pflicht, das eigene Tun und Wirken nicht nur kritisch zu hinterfragen, sondern es glaubhaft anders zu machen. Für jeden und jede bedeutet das, die Komfortzone zu verlassen und aktiv zu werden, im Sinne des Gemeinwohls in einer aktiven Bürgergesellschaft.

Wir haben es selbst in der Hand

Wollen wir Veränderung, einen wirklich neuen politischen Stil und einen neuen »Pakt des Vertrauens« in der Gesellschaft und in der Politik, müssen wir wie beschrieben eigenverantwortlich bei uns selbst anfangen. Wenn wir nicht bereit sind, unsere eigenen Denk- und Handlungsmuster zu hinterfragen, dann können wir auch nicht glaubhaft vermitteln, dass es ab nun besser werden wird. Wir haben jeden Tag aufs Neue die Chance zu wachsen, zu lernen und eine noch bessere Version von uns selbst zu werden. Dabei geht es weniger um äußere Faktoren wie Erfolg oder Karriere als um die innere Haltung und Einstellung. Wie soll ich erwarten, dass Menschen mir vertrauen, wenn ich nicht bereit bin, Vertrauen zu schenken? Wie soll ich erwarten, dass die Politik aus ihren Fehlern lernt, wenn ich es selbst nicht tue? Es geht nicht um Selbstgeißelung oder gar Selbstanklage, sondern um Ehrlichkeit gegenüber uns selbst. Haben wir unser Versprechen gehalten, das Verbindende vor das Trennende zu stellen? Haben wir unser Versprechen eines fairen Umgangstons miteinander stets eingehalten? Haben wir nicht selbst oft ein Scherflein zu Polarisierung und schrillen Tönen in der Politik beigetragen?

An dieser Stelle könnte ich das Blaue vom Himmel versprechen, was ich nicht tun werde. Auch in der Zukunft werden wir NEOS Kritik üben und auch ich werde dabei vielleicht nicht immer den richtigen Ton treffen. Was ich aber verspreche, ist, dass wir uns der selbstzerstörerischen Dynamik bewusst sind, die entstehen kann, wenn man Narzissmus und Machiavellismus, also übersteigerte Ichbezogenheit und den Vorrang von Machtpolitik, die Oberhand gewinnen lässt.

Wichtig ist, dass wir den Mut haben, Dinge und Gegebenheiten zu hinterfragen. Den Mut haben, uns mit echter Neugier auf andere und auf deren Argumente einzulassen und diese kritisch zu überprüfen. Es erfordert Mut, Dinge anzuzweifeln, noch mehr Mut aber, den Dingen wirklich auf den Grund gehen zu wollen, wirklich wissen zu wollen. Und so lade ich auch alle ein, die sich auf die Suche nach alternativen Erklärungsmodellen gemacht haben und in den Untiefen des Internets vermeintliche Wahrheiten gefunden zu haben glauben, hier den Schritt weiter zu machen und nochmals alles zu hinterfragen. Möglicherweise gibt es eben nicht den weltumspannenden Masterplan einiger weniger »Eliten« oder »Gruppen«, sondern schlicht den Faktor des Menschlichen, menschliche Fehler und vor allem auch Zufall. Das zu erkennen, Ambiguitäten und Zufälle zuzulassen und sich auch bewusst zu sein, dass wir immer nur einen kleinen Teil der Wirklichkeit wahrnehmen, unsere eigenen Wertvorstellungen, unsere scheinbaren Gewissheiten prägen und nur sehr wenig mit Sicherheit wissen: Das ist letztlich die wahre Freiheit.

Selbstbewusstsein ist gefragt! Wir haben auf dem Boden blutigster und verbrecherischer Ereignisse eine unglaubliche Entwicklung durchgemacht, gerade in der demokratischen, westlichen Welt. Humanismus und Aufklärung, Freiheit und Menschenwürde, die Allgemeine Erklärung der Menschenrechte und schließlich auch ein Wirtschaftsmodell, das in der Lage ist, in einem noch nie dagewesenen Ausmaß Wohlstand zu liefern, und in der Lage sein muss und wird, dies nachhaltig und nicht auf Kosten von Ressourcen und Umwelt zu tun. Sicher, wir haben auch viel falsch gemacht, aber daraus gelernt. Aus dem Grauen und dem Morden am Boden des Nationalismus und Faschismus entstand das erfolgreichste Friedens- und Wohlstandsprojekt der Geschichte: die Europäische Union.

Statt jammernder Selbstanklage sollten wir also stolz sein, gerade auch auf Österreich. Um unsere Freiheit und unsere Demokratie müssen wir ringen, sie aber ja nicht abschreiben. Gerade dann, wenn die Zeiten schwer sind und die Nachrichten aus aller Welt kaum zu ertragen, müssen wir alle aktiv werden. Ein Neo-Biedermeier, in dem wir es uns vor Streaming-Diensten gemütlich machen und uns ins Private zurückziehen, hilft genau denen, die unsere Freiheit und unsere Demokratie unterwandern wollen. Die Zukunft geht uns alle an, Politik geht uns alle an. Und Politik braucht Öffentlichkeit. »Democracy dies in darkness«, lautet seit Jahren das Motto der »Washington Post«. Demokratie stirbt im Dunkeln – und, möchte ich ergänzen, durch die Einigelung im Privaten. Gerade die »Eliten« sollten sich bewusst sein, dass Demokratie auch immer bürgerschaftliches Engagement benötigt. Dazu muss man hinaus, sich ums Gemeinwohl kümmern, Verantwortung übernehmen und sich auf das Abenteuer eines neugierigen Dialogs einlassen. Es lohnt sich!

Wir haben es in der Hand. Nichts ist besser, als Akteur oder Akteurin in der Welt zu sein. Jede und jeder kann etwas bewirken und einen Beitrag leisten, und wir können uns entscheiden. Jeden Tag aufs Neue.

Endnoten

1 Karl Popper: »Die offene Gesellschaft und ihre Feinde«, Band 1
2 https://www.v-dem.net/documents/30/V-dem_democracyreport2023_highres.pdf
3 https://www.derstandard.at/story/2000140279343/oesterreich-faellt-in-rechtsstaat-index-aus-den-top-ten
4 So beispielsweise die Ergebnisse des Freiheitsindex 2022. Siehe: https://lab.neos.eu/thinktank/publikationen/freiheitsindex-oesterreich-2022 – 33 Prozent stimmten stark der Aussage zu, dass sich die gut Situierten in der Politik untereinander ausmachen würden, was im Land passiert. Der Aussage »Die Politik behandelt Menschen wie mich oft als Menschen zweiter Klasse« stimmten insgesamt im Jahr 2022 26 Prozent der Menschen zu, im untersten ökonomischen Drittel waren es sogar 69 Prozent.
5 Graeme Maxton, Maren Urner, Felix Austen: »Globaler Klimanotstand. Warum unser demokratisches System an seine Grenzen stößt«
6 https://www.berliner-zeitung.de/news/wegen-co2-ausstoss-immer-mehr-klima-aktivistin-nen-der-letzten-generation-lassen-sich-sterilisieren-li.344245
7 https://data.worldbank.org/Indicator/NY.GDP.PCAP.PP.CD
8 https://www.oecd.org/social/expenditure.htm
9 https://www.demokratiemonitor.at/ergebnisse-2022/
10 https://www.demokratiemonitor.at/wp-content/uploads/2023/11/2023_SORA-Praesentationsfolien-DM-2023.pdf
11 https://www.parlament.gv.at/dokument/budgetdienst/budget/BD-Budgetanalyse-2024.pdf
12 Anmerkung: Diese Erhebung basiert auf Umfragedaten. Der Unterschied zwischen Österreich und Schweden war bis zum Vorjahr deutlich stärker bzw. ist geschrumpft, siehe: https://ec.europa.eu/eurostat/databrowser/view/tps00150/default/table?lang=en
13 https://www.oecdbetterlifeindex.org/de/topics/education-de
14 https://www.oecd-ilibrary.org/sites/19cf08df-en/1/3/3/index.html?itemId=/content/publication/19cf08df-en&_csp_=67e65b72be0b468ed3dac915593716de&itemIGO=oecd&itemContentType=book#s90
15 https://ec.europa.eu/eurostat/databrowser/view/tps00172/default/table?lang=de
16 https://ecoaustria.ac.at/wp-content/uploads/2023/07/Policy-Note-54.pdf
17 https://www.oecd.org/migration/talent-attractiveness/how-does-your-country-compare-in-each-dimension.htm
18 https://www.neos.eu/_Resources/Persistent/fcba7f513891747445236c4455b3d6be2128ae06/230619_Neos-Wettbewerbsfähigkeit-OÖ_%20EcV_VE.pdf?_ga=2.137791794.322219251.1695402134-1233542722.1694684917
19 Freiheitsindex 2021 mit speziellem Fokus auf »Eigentum«, siehe: https://www.sora.at/fileadmin/downloads/projekte/SORA_Bericht_21148_Freiheitsindex_2021.pdf
20 https://www.neos.eu/_Resources/Persistent/f5cd204bd55f72c78306e77bd017d8e57884ff65/PB-quadrat-Immobilien_druck.pdf
21 https://www.parlament.gv.at/fachinfos/budgetdienst/Einkommensentwicklung-seit-Beginn-der-COVID-19-Krise
22 https://de.statista.com/statistik/daten/studie/157383/umfrage/abgabenquoten-ausgewaehlter-staaten
23 https://ecoaustria.ac.at/oesterreichs-abgabenbelastung-von-einkommen-im-zeitverlauf – siehe dazu aber weiter hinten ausführlicher
24 https://austrianhealthreport.at/versorgung-2023
25 https://www.statistik.at/fileadmin/user_upload/BiZ-2021-22_Tabellenband.pdf
26 https://www.arbeiterkammer.at/nachhilfebarometer
27 Siehe dazu auch Michel Dormal: »Der Formwandel der Demokratie und die rechtspopulistische Repression« in Bizeul, Lutz-Auras, Rohgalf (Hrsg.): »Offene oder geschlossene Kollektividentitäten«
28 https://www.profil.at/meinung/wolf-lotter-wirklich-woke/402438768
29 https://www.demokratiemonitor.at/wp-content/uploads/2023/11/2023_SORA-Praesentationsfolien-DM-2023.pdf
30 Die Videos sind nicht mehr verfügbar. Die Presseaussendung zur Serie jedoch schon: https://www.ots.at/presseaussendung/OTS_20170914_OTS0118/hc-strache-ich-sage-es-fuer-euch-video
31 »The Road to Somewhere« C. Hurst & Co, 2017
32 https://en.wikipedia.org/wiki/Disney_v._DeSantis
33 https://www.independent.co.uk/news/uk/esther-mcvey-suella-braverman-cabinet-whitehall-civil-service-b2446907.html
34 https://twitter.com/BMeinl/status/1669079602772287489

35 https://www.derstandard.at/story/2000134364343/fridays-for-future-luden-weisse-
    saengerin-mit-dreadlocks-aus
36 https://kurier.at/politik/ausland/anhoerung-antisemitismus-uni-praesidentin-usa-
    ruecktritt/402702397
37 https://www.zeit.de/gesellschaft/zeitgeschehen/2024-01/harvard-claudine-gay-ruecktritt
38 https://www.vox.com/2015/5/20/8625263/school-curriculum-race-racism
39 Milton Friedman, Rose Friedman, „Free to choose. A personal statement", Mariner Books Clas-
    sics, 1990
40 https://www.weforum.org/agenda/2020/06/now-is-the-time-for-a-great-reset
41 https://www.sueddeutsche.de/politik/us-bewegung-qanon-die-wirre-welt-der-
    verschwoerungstheoretiker-1.4083429
42 https://www.stasi-unterlagen-archiv.de/informationen-zur-stasi/publikationen/publikation/
    die-aids-verschwoerung
43 https://www.justice.gov/archives/sco/file/1373816/download
44 https://www.independent.gov.uk/wp-content/uploads/2021/03/CCS207_CCS0221966010-
    001_Russia-Report-v02-Web_Accessible.pdf
45 European Commission, Directorate-General for Communications Networks, Content and
    Technology, Digital Services Act – Application of the risk management framework to Russian
    disinformation campaigns, Publications Office of the European Union, 2023,
    https://data.europa.eu/doi/10.2759/764631
46 Z. B. hier https://apa.at/faktencheck/falsche-behauptungen-kursieren-zu-selenskyj-video
47 https://dpa-factchecking.com/germany/231009-99-503372
48 https://www.derstandard.at/story/3000000195167/deutscher-journalist-und-putin-erklaerer-
    hubert-seipel-erhielt-heimlich-geld-aus-russland?ref=instagram
49 https://lbsresearch.london.edu/id/eprint/2656/1/Guriev%20Papaioannou.pdf
50 https://www.cesifo.org/DocDL/cesifo1_wp8235.pdf
51 https://www.spiegel.de/ausland/storykillers-undercover-bei-den-cybersoeldnern-der-
    grosse-spiegel-report-a-2b51071c-6efe-41f3-9cec-3fd08d51f4cc
52 https://www.derstandard.at/story/2000143680875/die-schockierenden-enthuellungen-des-
    projekt-storykillers
53 https://ch.marketscreener.com/kurs/aktie/META-PLATFORMS-INC-10547141/news/Pew-
    Studie-zeigt-Mehr-TikTok-Nutzer-nutzen-die-App-fur-Nachrichten-45363521
54 https://www.market.at/newsroom/ooe-jugend-medien-studie-2023
55 https://de.statista.com/infografik/29195/zeitraum-den-online-dienste-gebraucht-haben-um-
    eine-million-nutzer-zu-erreichen
56 https://www.economist.com/by-invitation/2023/04/28/yuval-noah-harari-argues-that-ai-
    has-hacked-the-operating-system-of-human-civilisation
57 https://futureoflife.org/open-letter/pause-giant-ai-experiments
58 https://de.statista.com/statistik/daten/studie/12169/umfrage/top-unternehmen-der-welt-
    nach-umsatz/#:~:text=Das%20US%2Damerikanische%20Unternehmen%20Walmart,das%20
    umsatzstärkste%20Unternehmen%20der%20Welt
59 https://ec.europa.eu/commission/presscorner/detail/de/speech_23_2063
60 https://www.consilium.europa.eu/de/infographics/critical-raw-materials
61 https://www.diepresse.com/17825017/strategische-rohstoffe-kampfansage-der-eu-an-china
62 https://www.v-dem.net/documents/30/V-dem_democracyreport2023_highres.pdf
63 https://oxiblog.de/letzte-generation-wie-radikal-muesste-es-sein
64 https://www.blaetter.de/ausgabe/2016/november/fuer-eine-demokratische-polarisierung
65 https://www.economist.com/europe/2023/07/03/vladimir-putins-useful-idiots
66 https://www.ris.bka.gv.at/GeltendeFassung.wxe?Abfrage=Bundesnormen&Gesetzesnummer
    =20002156
67 https://www.osce.org/files/f/documents/7/7/542751.pdf
68 https://www.osce.org/files/f/documents/f/a/515868.pdf
69 https://www.economist.com/kissinger-transcript
70 https://www.derstandard.at/story/2000143837447/zu-besuch-bei-den-armen-teufeln-von-
    ried
71 https://www.brookings.edu/articles/the-return-of-the-enemy
72 https://www.faz.net/aktuell/politik/inland/russland-und-belarus-schleusen-fluechtlinge-
    in-die-eu-19215798.html und https://www.focus.de/politik/ausland/gastbeitrag-von-ulf-
    laessing-der-geplatzte-fluechtingsdeal-europa-hat-sich-in-niger-verzockt_id_256309649.html
73 https://fm4.orf.at/stories/2997349
74 https://www.spiegel.de/politik/deutschland/vulkan-files-enthuellungen-wie-putins-
    cybersoldaten-den-krieg-ins-internet-tragen-a-bb241ad9-a9c3-422e-af57-ffe59986a1d8
75 https://www.spiegel.de/politik/deutschland/vulkan-files-enthuellungen-wie-putins-
    cybersoldaten-den-krieg-ins-internet-tragen-a-bb241ad9-a9c3-422e-af57-ffe59986a1d8
76 https://industriemagazin.at/news/cyberangriffe-auf-oesterreichs-unternehmen-steigen-um-
    ueber-200-prozent
77 https://www.falter.at/zeitung/20230131/der-mann-der-putins-killer-jagt
78 https://fm4.orf.at/stories/3028683

79 https://www.profil.at/investigativ/moskau-mails-die-fpoe-im-netz-der-kreml-propaganda/
402315584

80 https://www.parlament.gv.at/dokument/XXVI/NRSITZ/76/A_-_15_02_48_00202491.html

81 https://www.fpoe.at/artikel/bruessel-inszeniert-sich-als-kriegstreiber-gegen-russland

82 https://correctiv.org/aktuelles/neue-rechte/2024/01/10/geheimplan-remigration-
vertreibung-afd-rechtsextreme-november-treffen

83 https://www.ots.at/presseaussendung/OTS_20200313_OTS0066/fpoe-coronavirus-kickl-fuer-
lockdown-oesterreichs

84 https://www.ots.at/presseaussendung/OTS_20200313_OTS0088/fpoe-coronavirus-
belakowitsch-kritisiert-versaeumnisse-der-bundesregierung

85 https://www.ots.at/presseaussendung/OTS_20210330_OTS0110/fpoe-hofer-bundeskanzler-
duepiert-gesundheitsminister-und-schwenkt-einmal-mehr-auf-fpoe-linie

86 https://lab.neos.eu/blog/die-freie-welt-und-ihre-feinde

87 https://austriaca.at/0xc1aa5576_0x003eac20.pdf

88 https://de.statista.com/statistik/daten/studie/284876/umfrage/umfrage-in-oesterreich-zum-
vertrauen-in-die-regierung

89 https://www.politico.eu/europe-poll-of-polls/austria

90 Siehe z. B.: https://kurier.at/politik/inland/strategisch-notwendiger-unsinn-die-message-
control-zum-nachlesen/402324498

91 Jakob Rösel: »Populismus« in Bizeul, Lutz-Auras, Rohgalf (Hrsg.): »Offene oder geschlossene
Kollektividentitäten«

92 https://www.wienerzeitung.at/h/wider-den-zugriff-der-parteien

93 https://uol.at/fileadmin/user_upload/presse/EINBLICKE/39/5nassmacher.pdf

94 https://www.derstandard.at/story/2000134817985/parteienfoerderung-224-millionen-euro-
von-bund-und-laendern-oevp-spitzenreiter

95 https://www.rtr.at/medien/was_wir_tun/foerderungen/pressefoerderung/ergebnisse/
entscheidungen/uebersicht2022.de.html

96 https://www.derstandard.at/story/2000134817985/parteienfoerderung-224-millionen-euro-
von-bund-und-laendern-oevp-spitzenreiter

97 https://www.horizont.at/medien/news/medientransparenzdaten-2022-oeffentliche-hand-
warb-um-rund-201-millionen-euro-die-regierung-um-knapp-29-millionen-90965

98 https://www.derstandard.at/story/2000144302426/gis-hob-2022-rund-995-millionen-euro-
ein-160-millionen

99 https://de.statista.com/statistik/daten/studie/880545/umfrage/werbeerloese-aus-
kommerzieller-kommunikation-des-orf-nach-werbebereichen/#:~:text=Im%20Jahr%20
2022%20erzielte%20der,Werbung%20in%20Fernsehen%20und%20Radio

100 https://www.dossier.at/dossiers/gratiszeitung-heute/inserate-machen-den-ton

101 Bürgerrechte gelten anders als Menschenrechte nicht universal, sondern für die Bürgerinnen
und Bürger eines Staates.

102 Ralf Dahrendorf: »Der moderne soziale Konflikt. Essay zur Politik der Freiheit«

103 Ernst-Wolfgang Böckenförde: »Recht, Staat, Freiheit«

104 https://web.archive.org/web/20101104053317/http://www.fr-online.de/kultur/debatte/
-freiheit-ist-ansteckend-/-/1473340/4795176/-/index.html

105 https://de.wikipedia.org/wiki/No_taxation_without_representation

106 https://www.uscis.gov/citizenship/learn-about-citizenship/the-naturalization-interview-
and-test/naturalization-oath-of-allegiance-to-the-united-states-of-america

107 Zur Frage der Demokratieneigung und Freiheitsliebe speziell siehe Freiheitsindex 2018:
https://lab.neos.eu/_Resources/Persistent/d76c216af84265a9784559d4fc0c42d0d7e4b6a7/
NEOS-LAB-SORA-ONLINE.pdf

108 https://www.falter.at/zeitung/20231205/tik-tok-stopp

109 Joseph Goebbels: »Der Angriff«, https://archive.org/details/DerAngriff-
AufsaetzeAusDerKampfzeit/page/n61/mode/2up?view=theater

110 Karl Popper: »Die offene Gesellschaft und ihre Feinde«, Band 1

111 https://think-difference.com/wp-content/pdf/FoBe_Guengoer_Gesamt_Ansicht.pdf

112 https://www.profil.at/investigativ/rechnungshof-zerpflueckt-eigen-pr-der-regierung/
402640415

113 https://www.parlament.gv.at/dokument/XXV/A/6/imfname_329768.pdf

114 https://www.derstandard.at/story/3000000190788/oberoesterreichs-neos-fordern-verbot-
von-regierungsinseraten-in-parteimedien

115 https://www.johanneskopf.at/2023/11/15/evidenz-statt-ideologie

116 https://ecoaustria.ac.at/wp-content/uploads/2023/07/Policy-Note-54.pdf

117 https://www.derstandard.at/story/3000000200938/fachleute-von-regierung-angekuendigte-
45-milliarden-euro-fuer-kindergaerten-reichen-nicht

118 https://lab.neos.eu/thinktank/publikationen/zukunftsquote-2024

119 Dieser Indikator, der vom deutschen Wirtschaftsforschungsinstitut ZEW entwickelt wurde,
gibt an, welcher Prozentsatz des Budgets auf langfristige Politikziele ausgerichtet und welcher Anteil gegenwarts- oder vergangenheitsorientiert ist. Berechnet werden zwei Varianten
der Zukunftsquote: eine weite und eine enge. In der engen Variante müssen mehr Kriterien

erfüllt sein, damit ein Ausgabenposten für die Zukunftsquote berücksichtigt wird. Die weite, vom ZEW präferierte Variante ist weniger restriktiv und wertet mehr Ausgaben als zukunfts- gerichtet.

120 https://www.mercer.com/content/dam/mercer/attachments/private/gpi/gl-2022-global-pension-index-full-report.pdf
121 https://www.tui-stiftung.de/wp-content/uploads/2023/06/2023_06_02-YouGov_Ergebnisbericht_TUI-Stiftung_Junges-Europa.pdf
122 https://ourworldindata.org/human-development-index
123 https://www.boell.de/sites/default/files/web_1509_e-paper_decoupling.pdf
124 https://www.diepresse.com/3867358/wohlstands-messung-neos-fuer-neuwind-statt-bip
125 https://www.umweltbundesamt.at/news221202
126 https://www.eea.europa.eu/publications/assesing-the-costs-and-benefits-of/assessing-the-costs-and-benefits
127 https://coin.ccca.ac.at/sites/coin.ccca.ac.at/files/factsheets/Coin_Ueberblick_v20_20012015.pdf
128 https://www.derstandard.at/story/3000000188927/mehr-sterbefaelle-waehrend-hitzeperioden-laut-statistik-austria
129 https://ecoaustria.ac.at/oesterreichs-abgabenbelastung-von-einkommen-im-zeitverlauf
130 https://lab.neos.eu/blog/5-gruende-warum-die-lohnverhandlungen-heuer-so-schwierig-sind#ein-abschluss-unter-den-pensionen-waere-ungerecht
131 https://www.wifo.ac.at/pubma-datensaetze?detail-view=yes&publikation_id=66851
132 Wie schon erwähnt: https://www.oecd.org/social/expenditure.htm
133 https://ec.europa.eu/eurostat/documents/4187653/16179950/Social+protection+expenditure_vis2.jpg/28f8500d-f95a-1312-708b-2b59306070e7?t=1699943939990
134 https://www.wifo.ac.at/jart/prj3/wifo/resources/person_dokument/person_dokument.jart?publikationsid=69741&mime_type=application/pdf
135 Steuern, die auf das Nettovermögen von natürlichen Personen abzielen, siehe: https://stats.oecd.org/Index.aspx?DataSetCode=RS_GBL
136 https://newforum-rebalance.org/de
137 https://www.parlament.gv.at/dokument/budgetdienst/budget/BD-Budgetanalyse-2024.pdf
138 Lorenzo Codogno, Giampaolo Galli: »Meritocracy, Growth, and Lessons from Italy's Economic Decline: Lobbies (and Ideologies) Against Competition and Talent«
139 https://europa.eu/eurobarometer/surveys/detail/3152
140 https://www.derstandard.at/story/3000000194256/experte-knaus-f252r-pilotprojekt-zu-asylverfahren-au223erhalb-europas
141 https://www.europarl.europa.eu/doceo/document/A-9-2023-0337_DE.html
142 https://ecfr.eu/publication/catch-27-the-contradictory-thinking-about-enlargement-in-the-eu
143 Der Begriff »Antifragilität« ist dem gleichnamigen Buch von Nassim Nicholas Taleeb entnommen. Antifragil sind Organisationen, wenn sie sich in Krisenzeiten nicht bloß als resilient erweisen, sondern sogar noch stärker werden.
144 In seinem Buch »Die große Vertrauenskrise – Ein Bewältigungskompass« spricht der Publizist Sascha Lobo explizit auch von einem »Generationenvertrag des Vertrauens«.

Über dieses Buch und Danksagung

Ich gebe zu, dass ich mich ein wenig naiv auf die Reise begeben habe, als ich dieses Buch gestartet habe. Als Politikerin bin ich es schließlich gewohnt, auf sämtliche Fragen eine Antwort zu haben, und so dachte ich auch bei mir: Ich weiß ja genau, was ich sagen will, und hab die Dinge durchgedacht! Tatsächlich waren diese Monate des Schreibens nicht nur zeitlich – zwischen meiner Arbeit und meiner Familie – eine echte Herausforderung, sie waren für mich auch geistig wie eine schweißtreibende Trekkingtour durch einen dicht gewachsenen Dschungel, in dem man sich den Weg erst mit einer Machete schlagen muss. So musste ich oft innehalten und meinen Gedanken den Weg weisen. Je mehr ich die Dinge durchdachte, desto mehr wurde mir bewusst, dass ich »nichts weiß« und vieles noch einmal und viel gründlicher durchdenken musste.

Und so fand ich zu dieser »assoziativen« Schreibweise, die einen Gedanken mit dem nächsten verbindet, gesamthaft jedoch versucht, ein ganzes Bild zu zeichnen. Es bleibt zu hoffen, dass die geneigte Leserin dem von mir geschlagenen Pfad gut folgen kann. Ich bin jedenfalls froh und dankbar, dass ich diese Reise auf mich genommen habe. Es ist gut und hilfreich, sich bisweilen aus dem übererregten und gehetzten »Tagesgeschäft« rauszunehmen und die eigene Linse mal wieder auf Weitwinkel zu stellen. Zu schnell verliert man in der Politik den Blick auf das Wesentliche und Grundsätzliche.

Allein hätte ich das aber nie hinbekommen und so möchte ich von ganzem Herzen allen danken, die mich auf dieser Reise begleitet haben. Meinem Team, Barbara Narkpaen und Stephan Moser, die mir immer wieder Freiräume in meinem Kalender geschaufelt haben, damit ich schreiben kann. Ein großer Dank geht an Magdalena Sekardi, Hannah de Goederen, Lukas Sustala und Armin Hübner für die wichtigen inhaltlichen Inputs und Faktenrecherchen. Ich bin dankbar für mein tolles »Team BMR« – komplett mit den wunderbaren Menschen Alina Steiner und Christoph Müller. Ich danke Niko Alm für das spannende und fordernde argumentative Sparring und Monika Köppl-Turyna für ihre wirtschaftspolitische Expertise. Ich hatte keinen Ghostwriter, aber mit Susanne Leiter eine brillante Frau an der Seite, die mich beim Schreiben und Gedankensortieren perfekt unterstützt hat. Ich danke dem großartigen Konstantin Reyer, dass er mir das tolle Coverfoto zur Verfügung gestellt hat. Und ich danke Julian Steiner, Douglas Hoyos und Nick Donig für ihr Feedback und die kritische Durchsicht.

Ein großes Danke auch an den Verlag Kremayr & Scheriau, Kerstin und Philip Scheriau, die Projektleiterin Sonja Franzke, die einen nahezu unhaltbaren Zeitplan stets gut gelaunt möglich gemacht hat, und die gewissenhafte Lektorin Ela Maywald.

Mein Honorar für dieses Buch geht an die Bildungsorganisation »Teach for Austria«, bei der ich mich auf diesem Wege für die unverzichtbare Arbeit bedanken möchte.

Ganz grundsätzlich möchte ich meinem gesamten Team bei NEOS, allen Kolleginnen und Kollegen, unseren Abgeordneten und Mitstreiterinnen für die konsequente Arbeit auf sehr hohem Niveau danken. Ein Alleingang geht schnell, nur zusammen kommen wir weiter. Die Arbeit mit euch lässt mich ständig wachsen und wir haben einfach auch ganz viel Spaß!

Last but not least: Danke an meinen Mann und meine drei Mädels. Ohne eure Unterstützung, euren Humor, euer Verständnis, eure Liebe ginge es nicht!

Die Autorin bekennt sich zu einer genderinklusiven Sprache.
Die abwechselnde Verwendung von maskulinen und femininen
Formen in diesem Buch dient der einfacheren Lesbarkeit.

ISBN 978-3-218-01420-5
Copyright © 2024 by Verlag Kremayr & Scheriau GmbH & Co. KG,
Wien
Alle Rechte vorbehalten
Cover und Umschlaggestaltung: Silvia Wahrstätter, vielseitig.co.at
Typografische Gestaltung und Satz: Ekke Wolf, typic.at
Coverfoto: Konstantin Reyer
Lektorat: Ela Maywald
Herstellung: vielseitig.co.at
Druck und Bindung: Florjan i tisk d.o.o., Maribor

© Konstantin Reyer

Beate Meinl-Reisinger ist Juristin und Politikerin. Nach beruflichen Stationen in Brüssel und Wien gründete sie im Jahr 2012 gemeinsam mit Matthias Strolz die Partei NEOS – Das Neue Österreich und Liberales Forum. Im Jahr 2013 gelang dem »Polit-Start-up« auf Anhieb der Einzug in den Nationalrat. Von 2015 bis 2018 führte sie den NEOS-Gemeinderatsklub in Wien. Seit 2018 ist die Autorin Parteivorsitzende und Klubobfrau im Nationalrat.